Wolfgang Kopp

ZEN

Jenseits aller Worte

Wolfgang Kopp

ZEN

Jenseits aller Worte

Unterweisungen eines westlichen Zen-Meisters

Zweite Auflage

Ansata-Verlag
Rosenstraße 24
CH-3800 Interlaken
Schweiz
1996

Deutsche Erstveröffentlichung 1993

Satz: Jung Satzcentrum GmbH, Lahnau
Druck: Kösel GmbH & Co., Kempten/Allgäu
ISBN 3-7157-0166-8

Inhalt

Allen meinen Schülern, die an der Fertigstellung und Herausgabe dieses Buches beteiligt waren, sei herzlich gedankt.

In liebevoller Dankbarkeit widme ich dieses Buch meinem 1977 verstorbenen Meister Soji Enku Roshi.

Wolfgang Kopp

Vorwort der Herausgeber

Dieses Buch enthält eine Auswahl von Vorträgen, die Zen-Meister Wolfgang Kopp im Sommer 1992 im Wiesbadener Tao-Ch'an Zentrum gehalten hat.

Wie die alten chinesischen Ch'an-Meister lehrt Wolfgang Kopp ein sehr direktes, kraftvolles Zen. Er vermittelt weder ein theoretisches System noch einen einseitigen Sitzdogmatismus, und er trägt auch keine traditionellen Gewänder oder Titel.

Ihm geht es einzig und allein um unsere Befreiung von alten Verhaltensmustern und Denkmodellen und letztlich um die Erleuchtung des Geistes. Mit allen Mitteln bemüht er sich um unsere Erweckung aus dem Schlummer der Gewohnheit. Denn Gewohnheit, welcher Art auch immer, hindert uns am unmittelbaren Erleben der Wirklichkeit. Auf jeder Seite des Buches zeigt uns der Meister den Spiegel unseres Wahren Seins, und wir erkennen darin unsere stets gegenwärtige Buddhanatur, unser ursprüngliches Erleuchtetsein.

Immer wieder weist Wolfgang Kopp darauf hin, daß die Wahrheit nicht durch Worte ausgesagt werden kann – daß sie *jenseits aller Worte* ist. Worte sind jedoch Wegweiser, ebenso wie der Finger, der zum Mond weist. Nur dürfen wir nicht am Finger hängenbleiben in der irrtümlichen Ansicht, er sei der Mond.

Wolfgang Kopps humorvolle und zugleich kraftvolle, direkte Art der Vermittlung verleiht seinen Vorträgen eine ungeheure Lebendigkeit. So wird zum Beispiel ein Ausspruch von einem der alten chinesischen Zen-Meister durchleuchtet. Ein tiefer Gedanke wird aufgegriffen, und unversehens kommt ein Vergleich aus dem Alltag oder eine Anekdote zu Hilfe und macht das Gesagte deutlich.

In Wolfgang Kopps Vorträgen spüren wir die Verwirklichung eines großen Erwachten. Seine energiegeladenen Worte von schockierender Offenheit sind erfüllt von solch einer geistigen Kraft, daß sie uns treffen können wie ein Blitz. Denn oft wird hierbei die Logik unseres begrifflichen, unterscheidenden Denkens zertrümmert, auf daß wir fähig werden, die Wahrheit *jenseits aller Worte* zu erfassen.

Mit der Veröffentlichung dieser Vorträge hoffen wir, daß dieses Buch in die Hände all jener gelangen wird, die geistig reif sind für die Lehren eines großen spirituellen Meisters unserer Zeit.

Im Januar 1993

Die Herausgeber
Tao-Ch'an Zentrum Wiesbaden

Zen ist *jenseits aller Worte*.
Fort mit allem Denken und Erklären.
Es gibt nur ein geheimnisvoll schweigendes
Verstehen und nichts anderes.

Huang-po

1

Das Schatzhaus ist in dir

Die Vergänglichkeit alles Seienden kann plötzlich und unerwartet alle eure Spekulationen zunichte machen. Deshalb rate ich euch: Hegt am besten gar keine Absichten. Alles, was ihr begonnen habt, ist eine Aktivität auf ein Ziel hin, doch angesichts der Gegenwart des Todes ist es ein Nichts, ohne jeden Wert.

Wenn ich dies sage, darf jetzt natürlich keiner glauben, dies bedeute, daß man überhaupt keine Aktivität mehr haben sollte, und daß es besser sei, sich von allem ganz zurückzuziehen, um nur noch in der Einsamkeit zu leben, weit entfernt vom Getriebe der Welt. Viele Menschen glauben ernsthaft, daß dies die Garantie für ein spirituelles Leben sei. Das ist ein großer Irrtum. Es geht vielmehr darum, daß ihr lernt, die Dinge zu tun, die getan werden müssen, ohne daß die Dinge euch beherrschen. Es geht darum, daß ihr lernt, mit den Dingen umzugehen, die Dinge zu besitzen, ohne daß die Dinge *euch* besitzen; daß ihr handelt, aber innerlich frei seid vom Handeln. Dies ist das wahre Leben im Zen. «Wenn Gelegenheit zum Handeln ist, dann handelt, ist die Gelegenheit vorüber, dann gebt Ruhe», sagt Huang-po.

Ein Schüler kommt zu seinem Meister und fragt: «Meister,

was ist dein Zen (das heißt, was ist deine Art, im Zen zu leben)?» Und der Meister sagt: «Wenn ich hungrig bin, esse ich, und wenn ich müde bin, schlafe ich.» – «Ja», sagt der Mönch, «das ist ja alles ganz schön und gut, aber das tun wir doch alle. Was ist denn da so Besonderes dran?» – «Nun», sagt der Meister, «wenn ihr eßt, dann habt ihr dabei tausend Gedanken und seid im Da und Dort, und wenn ihr schlaft, habt ihr in euren Träumen viele Ängste und Wünsche. Doch wenn ich esse, esse ich und sonst nichts. Und wenn ich schlafe, schlafe ich und sonst nichts. Das ist mein Zen.»

Hier offenbart sich die Einfachheit des Zen – die Einfachheit der reinen Wahrheit an sich. Zen ist der Gipfel und die Quintessenz des gesamten Buddhismus. Es ist der schnellste Weg zur Befreiung aus dem Gefangensein im *Samsara,* dem Kreislauf von Geburt und Tod. Ich bezeichne Zen und die reine unverfälschte Wahrheit als *eins.* Denn alles, was nicht die reine Wahrheit ist, ist gehirnakrobatische Spekulation und Dogmatik – eine Anhäufung von intellektuellem Sperrmüll. Es ist eine Überdeckung, eine Überschattung der Wirklichkeit und deshalb ohne jeden Wert.

Die Wahrheit des Zen ist ganz einfach und unmittelbar. Da kommt ein Zen-Schüler zu seinem Meister und fragt: «Meister, ich weiß nicht, was der Unterschied ist zwischen schwarz und weiß. Was sagst du dazu?» Der Meister sagt: «Komm bitte etwas näher, ich höre heute schlecht.» Der Schüler tritt näher heran und wiederholt seine Frage: «Meister, ich weiß nicht, was der Unterschied ist zwischen schwarz und weiß.» Kaum hat er ausgesprochen, bekommt er eine schallende Ohrfeige. Der Schüler verbeugt sich und sagt: «Nun weiß ich es.» Er war auf der Stelle erleuchtet.

Das ist es. Warum alles kompliziert machen? Es ist alles so einfach. Aber gerade deshalb, weil alles so einfach ist, macht ihr's kompliziert. Dies ist so, weil ihr gewohnt seid, daß alles, was für euch irgendeinen Wert hat, mit viel Aktivität und Mühe erreicht werden muß. Aber es gibt nichts zu erreichen, wirklich nichts. Gar nichts! «Suchst du die Wahrheit, suchst du das Tao?» fragt Zen, «dann schau ganz einfach hin und erkenne, daß du mitten darin stehst.» *Hier* ist die Wirklichkeit und sonst nirgends! Zen-Meister Lin-chi, der Dharma-Nachfolger von Huang-po, sagt: «Nach allen Seiten tretet ihr euch die Füße platt, was sucht ihr denn? Es gibt weder Buddha zu suchen noch ein Tao zu vervollkommnen oder einen Dharma zu erreichen.»

Ihr hört von der Erleuchtung, ihr hört vom Zen und von einer höheren Wirklichkeit über den Tod hinaus, und schon geht die Suche los. Aber Zen sagt, es gibt weder Buddha zu suchen noch ein Tao zu vervollkommnen oder einen Dharma (eine Wahrheit) zu erreichen. Denn Buddha, die Wirklichkeit, die ihr sucht, könnt ihr nirgendwo anders finden als *in euch selbst.* Das Tao ist der Weg, und das Tao ist die Wirklichkeit. Es ist wie ein Fluß. Er fließt, und wenn du eins bist mit dem Tao, bist du wie ein Gummiball obendrauf. Wenn die Welle hochgeht, gehst du hoch, und wenn die Welle runtergeht, gehst du mit ihr runter; wenn die Welle sich erhebt und zur Geburt gelangt, bist du eins damit, und wenn die Welle stirbt, bist du auch eins damit. Alles ist gut, so wie es ist.

«Es gibt kein Gesetz zu erreichen», sagt Huang-po, das heißt: Es gibt keine göttliche, universelle Verordnung in Form eines «Du mußt dieses oder jenes tun». Alle Religionen, sei es die der Juden, die der Moslems, die der Christen oder die hinduistische Religion, sie alle haben ihre Verordnungen und ihre ganz bestimmten Gesetze und Richtlinien, die erfüllt werden müssen. Man glaubt, daß man ohne Erfüllung dieser Gesetze, ohne daß man streng nach dem Moralkodex und den Verordnungen lebt, nicht in das Reich Gottes gelangen kann. Und das ist ein großer Irrtum! – Es gibt keine Göttliche Wirklichkeit zu suchen, denn sie ist schon da, sie ist «inwendig in euch»! Mit den Worten des chinesischen Zen-Meisters Da-zhu aus dem 8. Jh.: «Das

Schatzhaus in dir enthält alles, und es steht dir zur Verfügung. Du brauchst nicht außen zu suchen.»

Ihr seid durch eure Erziehung und durch alle möglichen Einflüsse der christlichen Kultur konditioniert in bezug auf eure Vorstellung von der Göttlichen Wirklichkeit. Ihr habt auch eine ganz bestimmte Vorstellung von dem, was religiöse Verwirklichung sei, und versucht dieser dann zu entsprechen. Doch im Zen heißt es: «Der wirkliche Buddha ist ohne Form, das wirkliche Tao ohne Gestalt, das wahre Gesetz ohne äußere Anzeichen.» Das wahre Gesetz steht hier gemäß der buddhistischen Lehre für *Dharma* – das universelle Gesetz – und bezieht sich auf die Offenbarung der universellen Wahrheit durch den Buddha oder die Buddhas, die erleuchteten Meister.

Dieser wahre Dharma, diese wahre Offenbarung der Wirklichkeit, ist ohne äußere Anzeichen; denn sowie ihr nur ein einziges Anzeichen seht, welcher Art es auch sein mag, ist dies allein schon der Beweis dafür, daß es nicht der wahre Dharma ist. Denn das *Wahre Gesetz,* die wahre Offenbarung des Zen, ist das *Nicht-Gesetz,* jenseits von Worten, jenseits von Begriffen. Der Buddha, das Tao und das wahre Gesetz – das ist alles *eins.* Es gibt keine Vielheit. Die Wirklichkeit, die allem zugrunde liegt, der Weg, den ihr geht, um diese Wirklichkeit zu erlangen, und der wahre *Dharma* als die Offenbarung des Göttlichen, das ist alles ein und dasselbe. Wer das nicht begreift, verbaut sich jede Erkenntnis. Er dreht sich nur im Kreis und sucht und analysiert und stochert da und dort herum in der Hoffnung, doch irgend etwas zu finden. Er glaubt, irgendwo seien da doch die großen philosophischen Erkenntnisse, die von außen her die Sache klarmachen. Aber Zen erhebt sich über dies alles.

Wenn ihr verhindern könnt, daß eure Gedanken umherschweifen, dann seid ihr wirklich auf dem Weg zur Befreiung. Glaubt mir, im Außen gibt es nichts zu erlangen. Wozu also sich mit irgendwelchem intellektuellen Abfall befassen? Welcher Nutzen soll darin liegen, wie ein Hund in allen Ekken herumzustöbern und lauter altes Zeug ins Maul zu nehmen? Greife in deinen eigenen Schatz, denn diese Wahrheit, die du suchst, ist dir näher als du dir selbst. *Es gibt nichts zu suchen!* Denn es gibt keinen Raum, wo irgendwelche Dinge voneinander entfernt sein könnten, und es gibt keine Zeit, in der irgend etwas noch nicht oder nicht mehr ist. Denn alles ist ein *Zugleich.* Alles ist ein *Hier* und *Jetzt!*

Dies ist auch der Kerngedanke der auf dem *Avatamsaka-Sutra* basierenden *Hua-yen*-Schule des chinesischen Buddhismus. Die Grundlage des *Hua-yen* ist die Lehre von der gegenseitigen Durchdringung aller Dinge; es ist die Lehre von der fundamentalen Einheit und Gleichheit allen Seins. Das ganze Universum ist ein ganzheitlicher Organismus, ein kosmisches Netzwerk, in dem sich alles gegenseitig durchdringt und miteinander verknüpft ist. Um dies näher zu veranschaulichen, gibt das *Avatamsaka-Sutra* das Gleichnis von Indras Perlennetz.

Dort heißt es, daß hoch oben im Himmel, über dem Palast des Gottes Indra, ein großes Perlennetz hängt. Alle Perlen dieses Netzes sind so angeordnet, daß jede einzelne Perle alle anderen widerspiegelt. Eine Perle enthält so alle anderen und spiegelt gleichzeitig, durch die Reflexion des Lichtes, den gesamten Kosmos, mit allem, was darin ist, wider. Alles ist ein allumfassendes Ganzes, das alles in sich beschlossen hält. Alles ist ein absolutes *Hier* und *Jetzt.*

Und da alles ein Hier und Jetzt ist, wo willst du suchen, und was willst du suchen? «Jetzt ist Hier und Hier ist Jetzt!» Und willst du die Wirklichkeit deines Seins erfahren, mußt du dich auf dieses *Jetzt,* auf dieses *Hier* einlassen. Denn wie willst du das Hier anders erfahren als durch das *Jetzt?* Wie willst du das Jetzt erfahren, wenn du im Morgen oder im Übermorgen bist, wenn du im Da und Dort bist? Also kommen wir wieder zurück auf das «MU – Nichts», und dieses MU ist das Nichts in bezug auf Raum und Zeit, und somit das Nichts in bezug auf jeden Bewußtseinsinhalt.

MU ist *Hier-Jetzt!* Da gibt es kein Kommen, und da gibt es kein Gehen. MU ist hinten und vorn, oben, unten und seitlich – überall, allumfassend. Dieses MU ist das Jetzt! Und das Jetzt ist die Ewigkeit. Dies gilt es zu erkennen – und sich ganz darauf einzulassen!

Weshalb kannst du dein ursprüngliches Wesen nicht erkennen, obwohl es doch stets gegenwärtig ist? Warum klammerst du dich an allen möglichen «geistigen Disziplinen» fest, die ohne jeden Wert und nur eine Spielerei des Ego sind? Ich lehre euch nicht das heutzutage so weitverbreitete tote Zen der Unterdrückung aufsteigender Gedanken bei kerzengerader, aufrechter Körperhaltung mit geschlossenen Augen. Seid *jetzt* in diesem Augenblick ganz *hier* und seht die Dinge so, wie sie sind. Seid unabhängig von allem, und ihr werdet urplötzlich die allumfassende Verwirklichung erlangen.

Zu meinem verstorbenen Meister Soji Enku kam einmal ein sehr kopflastiger Theologe und sagte: «Ich habe Ihren letzten Vortrag gehört, doch ist mir der Sachverhalt des Zen noch nicht klar. Deshalb möchte ich Sie fragen, was die Wahrheit des Zen ist?» Und Soji Enku sagte nur: «Der Boden unter Ihren Füßen, das ist die Wahrheit des Zen.» Die Dinge sind vollkommen klar, aber sie werden unklar durch eure Projektionen. Solange ihr in eurer Hirnlastigkeit gefangen seid und euch mit dem Verstand die Dinge zurechtlegt, werdet ihr keinen Zutritt zur Wahrheit des Zen finden. Wenn wir gerade einmal bei Soji Enku sind, möchte ich noch eine kleine Begebenheit erzählen, die ich mit ihm erlebt habe.

Eines Nachmittags saßen mehrere Schüler in seinem Zimmer. Soji Enku saß in seinem Schreibtischsessel, und alle erzählten viel. Der Meister sagte nichts, das heißt, er hatte sich so zurückgenommen, daß man ihn gar nicht mehr wahrnahm. Er hatte nur noch schweigend, scheinbar teilnahmslos und doch alles beobachtend, dagesessen. Und auf einmal sagte er: «Schaut einmal hier», und deutete dabei auf die Wand, «was ist denn das für ein häßlicher Fleck da? Wo kommt denn der plötzlich her?» Alle schauten dorthin und fragten: «Was für ein Fleck?» – «Da, dieser Fleck. Seht ihr ihn denn nicht? Da ist doch ein Fleck.» – «Nein, wir sehen keinen Fleck.» – «Ich seh ihn aber. Der Fleck stört mich unheimlich.» Auf einmal nahm er die Brille ab und sagte: «Oh, er ist weg. Wieso ist der Fleck auf einmal weg?» Dann setzte er die Brille wieder auf und sagte: «Na sowas, jetzt ist er wieder da.» Daraufhin schaute er die Brille an und sagte: «Oh, was ist denn da für ein Fleck auf meiner Brille?» Alle waren sehr betreten und still danach, denn jeder hatte verstanden.

Jeder hatte seine eigenen Projektionen in den Raum gesetzt; all das, was er projiziert hatte an Ideen, Identifikationen und Fehlinterpretationen. So stand Idee gegen Idee, Nicht-Wissen gegen Nicht-Wissen. Viele Worte um nichts.

Ihr unterliegt der Täuschung der Trugwelt, der *Maya,* und das ist eine Erscheinungsweise, die keine Wirklichkeit aus sich selbst hat. Also gibt es keinen anderen Weg, als alles sein zu lassen wie es ist, alles loszulassen, von allem zurückzutreten. Befreit euch von allem, und das, was stets da ist und immer da war, wird hell und klar aufstrahlen.

Erleuchtung ist nicht irgend etwas, was von außen hereinkommt. Viele meinen, sie säßen jetzt hier im Nicht-Wissen und plötzlich strahle ein Licht auf, wie eine Glühbirne, und alles sei klar. Es ist vielmehr so, daß eure Projektionen, die ihr schon seit vielen Inkarnationen auf die Wirklichkeit projiziert, sich auflösen. Und alles ist so, wie es ist und wie es immer war. Ihr werdet erfahren, daß es niemals so etwas gab wie Geburt und Tod und daß es auch keine raum-zeitliche Dimension des Lebens gibt. Das sind alles nur Bestandteile eures Maya-Traumes, den ihr selbst träumt – Projektionen des Nicht-Wissens.

Erleuchtung und Nicht-Erleuchtung, Gefangensein im

Kreislauf von Geburt und Tod; Alter, Verzweiflung, Krankheit, Schmerz, Tod – das alles sind Bestandteile des Traumes, den ihr träumt. Und deshalb gibt es nur eine *einzige* Möglichkeit, um da herauszukommen, und die ist: Aufwachen! Werdet wach und hört auf zu träumen!

(Kurzes Schweigen)

Soll ich noch was sagen? Oder soll ich nichts mehr sagen? Wenn ich nichts mehr sage, besteht die Gefahr, daß ihr glaubt, es sei hier alles gesagt worden über die Wahrheit. Doch wenn ich noch etwas sage, besteht die Gefahr, daß ihr meint, es gäbe noch etwas darüber hinaus zu sagen. Aber kein Wort trifft es! Alles, was ich eben sagte, hat mit der Sache nichts zu tun. Und überhaupt: Alles, was jemals ausgesagt wurde über Gott, über Erleuchtung, über das ewige Leben usw., ist totaler Unsinn und hat mit der unaussagbaren Wirklichkeit nicht das allergeringste zu tun. «Warum Herbstblätter für Gold halten?»

Alle religiösen und philosophischen Aussagen sind wie eine leere Faust, die man zum Spaß einem Kind hinhält. Das Kind glaubt, es sei etwas drin – aber es ist nichts drin. In keinem spirituellen System ist die Wahrheit enthalten. Du kannst noch so lange suchen. Du kannst dein ganzes Leben damit verbringen, sämtliche religiösen und philosophischen Lehren zu studieren. Doch dies alles hat mit der Wahrheit nichts zu tun. Deshalb gebe ich euch den Rat: Laßt alles los! Befreit euch von allem! Vergeudet nicht sinnlos eure Zeit. Denkt an die mahnenden Worte Buddhas: «Diese Welt geht vorüber, und alles, was wichtig ist, fliegt vorbei. Jeder muß aus seinem Traum erwachen; es ist keine Zeit zu verlieren.» Alle Dinge sind wie ein Traum, eine Vision, Blüten aus dem Nichts; ihnen nachzujagen – welch müßiges Unterfangen.

Wer ein wahrer Schüler des Zen ist, betrachtet auf seinem Weg durch die Welt alles als Illusion. Er ist stets Meister seiner selbst und macht sich nicht zum Sklaven menschlicher Empfindungen. Frei von allen Identifikationen bricht er, mitten im Getümmel der Welt, zum Klaren Licht der Wirklichkeit durch.

2

Keine Wahl zwischen Zweierlei

Die höchste Wahrheit ist nicht schwierig und läßt keine Wahl zwischen Zweierlei zu.

(Zen-Meister Seng-ts'an, 7. Jh.)

Im allgemeinen seid ihr gewohnt, daß alles, was einen bestimmten Wert im Leben hat, auch einer gewissen Anstrengung bedarf, um es zu erreichen. Und nun kommt Zen-Meister Seng-ts'an daher und sagt: «Die höchste Wahrheit ist nicht schwierig.» Was soll man davon halten? «Die höchste Wahrheit» ist der Sinn eures Lebens, der Sinn des gesamten Seins. Deshalb heißt das chinesische Schriftzeichen für Tao auch Sinn. Der Sinn des ganzen Universums ist das Tao, und das Tao ist die «höchste Wahrheit». Diese höchste Wahrheit zu erfahren und zu erfassen, das soll ohne jede Schwierigkeit sein?

Selbst wenn man nur etwas Geld verdienen will, muß man sich schon anstrengen. Aber das Allerhöchste, was es zu erreichen gibt – etwas von solch gigantischer Größe, daß mein Mund nicht groß genug ist, es euch zu künden –, das soll ohne jede Schwierigkeit sein? Ich sage euch: Die höchste Wahrheit ist nicht nur nicht schwierig, sondern sie ist das *Allerleichteste von der Welt!* Es gibt nichts Leichteres. Schwierig wird sie nur durch eure falsche Voraussetzung, mit der ihr an die Sache herangeht.

Die falsche Voraussetzung ist, daß ihr etwas sucht, was ihr

niemals finden könnt, wenn ihr euch auch noch so anstrengt, da das, was ihr sucht, als euer allereigenster Besitz *stets gegenwärtig* ist. Der chinesische Zen-Meister Da-zhu (8. Jh.) sagt: «Das Schatzhaus in dir enthält alles, und es steht dir zur Verfügung. Du brauchst nicht außerhalb zu suchen.» Ihr seid es selbst! Das, was ihr sucht, ist eure eigene Wirklichkeit. Ihr habt sie nie verloren, sie ist immer da. Nur habt ihr sie überdeckt mit den Projektionen eurer Wahnvorstellungen. Die höchste Wahrheit, die ihr sucht, liegt direkt vor euch, sie offenbart sich in allen Formen, in allen Erscheinungen.

Es kam einmal ein Mönch zu dem chinesischen Zen-Meister Tsao-shan (9. Jh.), dem Begründer der *Tsao-tung*-Schule, und fragte ihn: «Was an den Erscheinungen ist wahr?» Und Tsao-shan sagte: «Erscheinung ist Wahrheit, und Wahrheit ist Erscheinung.» Der Mönch fragte weiter: «Und wo offenbart sich das?» – «Hier!» sagte der Meister und hob das Teebrett in die Höhe.

Alles ist die Wirklichkeit. Doch ihr überblendet die Wirklichkeit mit der Vorstellung von Vielheit und Getrenntheit. Wenn ihr mich fragt: «Wo offenbart sich die Wirklichkeit?», dann verweise ich hier auf diesen Gong. Ich könnte auch auf diese Lampe zeigen oder auf dieses Bild. Alles, was ihr wahrnehmt, alles ist die Wirklichkeit – die höchste Wahrheit.

Die höchste Wahrheit ist nicht schwierig und läßt keine Wahl zwischen Zweierlei zu.

Die «Wahl zwischen Zweierlei» wäre zum Beispiel, wenn ihr sagt: «Ich befinde mich in einer schönen Umgebung, ich sitze am Meer, höre das Rauschen der Brandung, rieche die wunderbare Salzluft, ich höre die Möwen, phantastisch – das ist eine geistige Dimension.» Und auf der anderen Seite sagt ihr dann: «Jetzt bin ich in einer verrufenen Bar, mit fast unbekleideten Bardamen, Tabakrauch, Alkoholdunst und billigem Parfüm – das ist die Welt der Begierde, und das kann die

Wahrheit nicht sein.» Und genau das ist die Wahl zwischen Zweierlei, die euch zum Verhängnis wird.

Überall, wo es auch sei, ist die Wirklichkeit, die ihr sucht. Und wenn ihr sie nicht mitten in der Aktion und mitten in der Welt der Begierde findet, dann findet ihr sie auch nicht in einem wunderbaren buddhistischen Tempel oder an sonst einem schönen «heiligen» Ort. Dann ist das auch nur ein Gaukelspiel, und ihr macht euch nur etwas vor. Man muß beides übersteigen, das Profane und das Sakrale! Man darf an nichts haften!

Meister Tsao-shan – der Meister mit dem Teebrett – wurde einmal von einem Mönch gefragt: «Wer im Reich hält das Schwert in der Hand?» Und Zen-Meister Tsao-shan sagte: «Ich! Ich, Tsao-shan, halte das Schwert in der Hand!» Und der Mönch fragte: «Wen wollt Ihr damit töten?» – «Alle!» sagte der Meister. «Ja, und wenn Euch Eure Eltern begegnen, wollt Ihr die etwa auch töten?» – «Warum sollte man da eine Ausnahme machen?» sagte der Meister. «Gut ...», sagte der Mönch, «... aber da bleibt ja noch Ihr übrig!» – «Was kann man denn da tun?» fragte der Meister. «Ihr könntet ja Euch selbst töten!» sagte der Mönch. Da antwortete Tsao-shan: «Ich wüßte nicht, wo ich da anfangen sollte.»

Das ist die totale *Nicht-Unterscheidung.* Weder annehmen noch verwerfen. Deshalb sagt Zen-Meister Lin-chi auch immer wieder: «Ihr seid noch nicht aus der Familie ausgetreten!» Das heißt: Ihr seid noch nicht herausgetreten aus euren Konditionierungen, Verhaltensmustern und Denkmodellen. Ihr seid noch gefangen in euren ganzen Schablonen und Fixierungen, ihr steht noch nicht in der wolkenlosen Klarheit des Geistes, und somit steht ihr noch im unterscheidenden Denken.

Zen-Meister Seng-ts'an sagt in seiner Schrift *Hsin-hsin-ming,* dem «Stempel des Glaubens», weiter: «Wenn man nicht mehr haßt oder liebt, dann offenbart sich die Wahrheit, klar und unendlich.»

Wenn ihr frei seid von Liebe und Haß, das heißt von Annehmen und Verwerfen, von Anhaften und Zurückweisen, dann offenbart sich die höchste Wahrheit, klar und unendlich. Mit anderen Worten: Sie offenbart sich, wenn ihr nicht mehr in der Wahl, in der Unterscheidung zwischen Zweierlei steht. Das bezieht sich aber auf eure innere Geisteshaltung, und dies ist sehr wesentlich.

Yin und Yang gehören zusammen und ergänzen sich. Ihr könnt nicht das eine haben ohne das andere. Das wäre genauso, als wolltet ihr elektrischen Strom haben ohne Minus-Pol, nur durch den Plus-Pol. Oder als wolltet ihr, daß nur noch die Sonne scheint und es nie mehr regnet.

Alles ist die *eine* Wirklichkeit, sei es ein herrlicher Schmetterling, sei es eine wunderschöne Blume oder sei es ein Hundescheißhaufen auf der Straße, in den ihr gerade hineingetreten seid. Warum unterscheiden? Es ist alles *das Eine,* denn alles ist ein organisches, allumfassendes Ganzes, das alles in sich beschlossen hält, ihr könnt nichts herausnehmen.

Nichts könnt ihr herausnehmen, noch kein Staubkorn. Wenn es euch gelänge, irgend etwas – und sei es nur ein kleines Staubkorn – aus dem Universum zu entfernen, würde das ganze Universum in sich zusammenstürzen. Selbst wenn ihr im Laboratorium ein Atom zertrümmert, ist diese Zertrümmerung nur eine Umwandlung in eine andere Form von Energie. Ihr könnt nichts zunichte machen, nichts verschwinden lassen, nichts auflösen – alles läßt sich nur *umwandeln.*

Deshalb ist alles das große Tantra, das heißt: die große Transformation. Und damit gilt es im Einklang zu sein. Das ganze Universum befindet sich in ständiger Bewegung. Seid eins mit der Bewegung, stellt euch nicht dagegen – und ihr seid im Tao! Also keine Unterscheidung, alles ist gut, so wie es ist, und wäre es nicht so, wie es ist, dann wäre es auch gut. Ihr könnt die Welt erleben als ein wunderbares Paradies, ihr könnt sie auch erleben als eine Hölle. Das letzte Mal habe ich euch erzählt von der Begegnung zwischen Zen-Meister Hakuin und einem Samurai, der ihn fragt: «Gibt es ein Paradies und eine Hölle?» Und Hakuin sagt: «Wer bist du, daß du mir so eine Frage stellst?» – «Siehst du das denn nicht? Ich bin ein Samurai der kaiserlichen Garde!» antwortet der Samurai. Und Hakuin sagt: «Unmöglich, so eine jämmerliche Gestalt würde unser Kaiser niemals einstellen.» Der Samurai greift zum Schwert, reißt es heraus und stürmt auf Hakuin ein. Der erhebt die Hand und sagt lächelnd: «Soeben haben sich die Tore zur Hölle geöffnet.» Der Samurai stutzt, steckt das Schwert wieder ein und verbeugt sich vor Hakuin. Und Hakuin sagt: «Soeben öffnen sich die Tore zum Paradies.»

Ihr projiziert es selbst, dieses ganze Weltentheater, diese ganze Traum-Welt, so wie ihr sie wahrnehmt. Und dann gilt es auch nicht zu vergessen, daß diese ganzen Erfahrungen, von denen zum Beispiel das Tibetische Totenbuch berichtet, Projektionen des Bewußtseins sind. Dies bezieht sich ebenso auf die zornvollen Buddhas und alle anderen schrecklichen Gestalten wie auch auf die wunderschönen, friedvollen Buddhas, die in der Vision des *Bardo,* im Zwischenzustand zwischen Tod und Wiedergeburt, erscheinen. Sie sind nichts anderes als Projektionen des Bewußtseins.

Darum ist es sehr wichtig, daß ihr zur *Klarschau* und zum Gewahrsein des Geistes *mitten im Leben* gelangt. Es ist sehr wichtig, daß ihr mitten in der Aktivität, überall, wo es auch sei, im Gewahrsein des Geistes verweilt, so daß ihr im *Bardo* alle Erscheinungen als eure eigenen Projektionen erkennt. Denn so wie ihr sie im alltäglichen Leben projiziert, so projiziert ihr sie auch im *Bardo*. Der Vorgang, der Prozeß ist ein und derselbe, ohne jeden Unterschied. In dem Augenblick aber, wenn ihr alle Erscheinungen als eure eigenen Projektionen durchschaut, erfahrt ihr euren Aufstieg über die dunklen Nebel der Erscheinungen in das Klare Licht der Wirklichkeit.

Wenn ihr nur haarbreit von der Wirklichkeit getrennt bleibt, seid ihr von ihr geschieden so weit wie der Himmel von der Erde. «Das Kleinste ist dem Größten gleich, das Größte ist dem Kleinsten gleich», sagt Lao-tse. Das gilt auch hier. Wenn ihr den Bogen anlegt und ihr schießt daneben, dann habt ihr das Ziel verfehlt, sei es um einen Zentimeter oder sei es um einen Meter, da ist kein Unterschied.

Macht keine Unterscheidung, auch nicht die Unterscheidung zwischen Leben und Tod! So kam eines Tages ein Mönch zu Zen-Meister Tsao-shan, von dem wir vorhin hörten, und fragte ihn: «Meister, ich bin krank, bitte heilt mich.» Tsao-shan sagte: «Ich werde dich nicht heilen.» – «Warum nicht?» fragte der Mönch, und Tsao-shan erwiderte: «Damit du weder lebst noch stirbst.»

«Weder lebst noch stirbst!» HO! (Der Meister schlägt im selben Augenblick das Schlagholz auf den Metallrahmen des Gongs!!!) Wozu gehört dieses HO, zum Leben oder zum Tod? Was du auch sagst, ist falsch. Erst wenn du es überschreitest, dann offenbart es sich. Dann werden wir uns Auge in Auge gegenüberstehen, und jedes Wort ist überflüssig. Annehmen und verwerfen, richtig und falsch, gut und böse, weltlich und geistig, das ist alles «der Kampf zwischen Gehorchen und Widerstehen». Weltlich ist nur, wenn du unterscheidest zwischen weltlich und geistig, denn das Geistige offenbart sich nur da, wo du nicht mehr am Geistigen festhältst. Hier offenbart sich das Geistige mitten in der Welt. «Wer von dieser Wahrheit nur um ein Haar breit getrennt bleibt, der ist von ihr geschieden so weit wie der Himmel von der Erde.» Und das nennt hier Zen-Meister Seng-ts'an die «Krankheit der Seele».

(Schweigen)

Wenn ich so eine lange Pause mache wie eben, wird bei dem einen oder anderen vielleicht der Gedanke kommen: Mal sehen, was jetzt kommt. Aber ich sage euch: Es ist schon da! Alles, was kommen könnte, ist schon da. Es gibt nichts zu erwarten. Das *Wahre Wort* war schon gesprochen, bevor ihr geboren wurdet. Wenn ihr da seid, ist es da!

Ein Novize kam zu Zen-Meister Hsüan-sha (9. Jh.) und sagte: «Meister, ich bin noch neu im Kloster und suche den Weg zur Erleuchtung. Bitte gebt mir einen Rat, wie ich ihn finden kann.» Meister Hsüan-sha fragte: «Hörst du das Rauschen des Flusses?» – «Ja, Meister.» – «Das ist der Weg», sagte der Meister. Und so frage ich euch: Hört ihr das Plätschern des Regens? Wenn ja – *das ist der Weg!*

3

Euch fehlt nichts

Wenn ihr Schüler des Weges Buddha werden wollt, braucht ihr keinerlei Lehre zu studieren; ihr müßt nur lernen, wie ihr es vermeidet, nach etwas zu suchen und euch an irgend etwas zu klammern.

(Zen-Meister Huang-po, 9. Jh.)

Diese kurze Textstelle des Zen-Meisters Huang-po sollte genügen, um einen Menschen, der sie auch nur ein einziges Mal hört, blitzartig zum Erwachen zu führen, denn in ihr ist alles enthalten, auf was es ankommt. Es fehlt nichts.

Es ist reines Zen und wunderbar gesprochen – und doch ist es Unsinn. «Wenn ihr Schüler des Weges Buddha werden wollt...» – Wie wollt ihr etwas werden, was ihr schon seid? Wie wollt ihr etwas erlangen, das ihr schon besitzt, und zwar seit Ewigkeit als euer allereigenstes Sein?

Und doch ist es richtig, was Huang-po sagt. Denn da ihr glaubt, ihr hättet es verloren und müßtet es wiedererlangen, gibt er euch diesen Rat: «Wenn ihr Schüler des Weges Buddha werden wollt, braucht ihr keinerlei Lehre zu studieren.» Und auf diese Weise ist schon *ein* Irrtum beseitigt; denn daß ihr glaubt, ihr müßtet Buddha, ein Erwachter, *werden,* ist schon der *erste* Irrtum, weil ihr der Wahre Buddha schon seid. Und wenn ihr obendrein noch glaubt, es müßte eine Philosophie, irgendeine Lehre studiert werden, um zu erwachen, wäre das schon der *zweite* Irrtum.

Es ist sehr wichtig zu erkennen, daß es nichts zu erreichen gibt. *Überhaupt nichts!* Es gibt keinerlei Lehre zu studieren.

Dies ist die wesentliche Grundvoraussetzung zum Verständnis des Zen.

Ihr müßt nur lernen, wie ihr es vermeidet, nach etwas zu suchen und euch an irgend etwas zu klammern.

Das ist wahres Zen-Lernen, daß ihr lernt, daß es nichts zu lernen gibt; denn wo nichts gesucht wird, ist der Ungeborene Geist gegenwärtig. Er ist auch stets gegenwärtig, während ihr ihn sucht. Aber gerade durch dieses euer Suchen verdunkelt ihr ihn. Doch in dem Augenblick, in dem ihr aufhört zu suchen, wird die Wirklichkeit eures ursprünglichen Zustandes, das heißt der ursprüngliche Zustand des Geistes, aufstrahlen und mit seinem unermeßlichen Glanz das ganze Universum erleuchten. Aber solange ihr sucht, solange ihr dem Irrtum unterliegt, es gäbe irgend etwas zu finden, und sei es nur so groß wie ein Staubkorn, fallt ihr schon in den Bereich der Dualität. Ihr fallt in den Bereich der Bejahung und Verneinung, in die Unterscheidung von richtig und falsch, und ihr verstrickt euch immer mehr im Kreislauf von Geburt und Tod. Zen-Meister Huang-po sagt: «Wo keinerlei Anhaften besteht, ist der unzerstörbare Geist vorhanden.»

Die entgegengesetzte Entsprechung von Anhaften ist *Loslassen.* Also liegt es nahe, daß ihr sagt: «Dann lassen wir halt los.» Aber solch ein Loslassen ist nicht das Loslassen des Zen. Es entspricht nicht der Geisteshaltung des *Wu-Wei,* des Nicht-Tuns, und des *Wu-Nien,* des Nicht-Denkens. Vielmehr ist es nur ein Loslassen-*Wollen,* eine Aktivität des Ego. Eine solche verursacht aber innere Spannung; denn Spannung ist gehemmtes Wollen. Dieses Anhaften kann somit *nicht* durch seine entgegengesetzte Entsprechung – durch das Loslassen, «das man tut» – gelöst werden. Denn alle Gegensatzpaare, Sein und Nicht-Sein, Leben und Tod, Kommen und Gehen, richtig und falsch, gehören zum dualistischen Bereich des Nicht-Wissens. Um diesen Unterschied klar herauszustellen, möchte ich euch von der Begegnung eines Mönchs mit Zen-Meister Joshu (9. Jh.) erzählen.

Ein Mönch kam zu Zen-Meister Joshu und sagte: «Seht, ich habe alles losgelassen. Nichts ist mehr in meinem Bewußtsein zurückgeblieben. Was sagt ihr dazu?» Hierauf gab Joshu die unerwartete Antwort: «Wirf es fort!» Der Mönch war sehr erstaunt und betonte noch einmal: «Aber Meister, ich hab euch doch gesagt, daß ich alles losgelassen habe. Was soll ich da noch fortwerfen?» Da sagte Joshu: «Wenn dem so ist, dann mußt du es halt weitertragen.»

Das Loslassen, das ihr macht, wird zum Loslassen, das euch festhält. Ihr seid Gefangene eures «gemachten» Loslassens. Doch nur da, wo *keinerlei* Anhaften besteht, ist der unzerstörbare Geist vorhanden. Dort strahlt das Klare Licht der Wirklichkeit auf.

Es existieren unendlich viele Methoden, in Form von Philosophien und religiösen Disziplinen, wie zum Beispiel Niederwerfungen, Kundalini-Meditation, Yantra-Meditation und was es da sonst noch so alles gibt. All diese künstlichen Methoden und Lehren, die den Täuschungen entgegenwirken sollen, sind nur ein Gaukelspiel – Luftblasen im leeren Raum. Es gibt nichts zu erreichen, und es gibt keine Formen der Täuschung, die zu zerstören sind. Denn schon die Vorstellung, daß irgend etwas existiert, was zerstört werden kann, ist Täuschung.

Es kommen immer wieder Leute zu mir und fragen mich: «Was ist deine Lehre?» – Es gibt hier keine Lehre. Denn jede Lehre ist eine Gefahr für den freien Geist. Alle Lehren sind gefährlich, weil sie zu Dogmen werden. Hinzu kommt, daß ihr in der Beschäftigung mit allen möglichen Lehren und künstlichen Methoden nur eure geistige Energie vergeudet. Es gibt nichts zu lernen, es gibt nichts zu erlangen und nichts zu finden. Wer glaubt, es gäbe irgend etwas zu suchen, ist wie ein Blinder, der in einem dunklen Raum eine schwarze Katze sucht, die nicht vorhanden ist.

Wenn ihr plötzlich, in *einem Nun,* euch der Tatsache bewußt werdet, daß euer *eigener Geist* die Göttliche Wirklichkeit ist, die ihr sucht, und daß es nichts zu erreichen gibt und daß es auch keine Handlungen zu vollbringen gibt: das ist die höchste Erkenntnis! Dies heißt, die Buddha-Natur zu verwirklichen, selbst zum Buddha zu werden, der ihr eigentlich im Grunde eures Seins schon seid. Aber alle diese unendlich vielen Methoden, die die Menschen zum Tor zur Befreiung bringen sollen, gehören selbst dem Bereich der Täuschung an. Denn das Tor zur Befreiung ist stets gegenwärtig. *Hier und Jetzt!* Voraussetzung, es zu erfahren, ist einzig und allein, daß ihr gegenwärtig seid. Wenn ihr *jetzt hier* seid, dann ist das Tor zur Befreiung da.

Es bleibt nichts mehr zu tun. Es gibt keine religiöse Praxis mehr zu vollziehen, keinen *Dharma,* kein geistiges Gesetz zu verwirklichen, es gibt nichts mehr, auf das man sich stützen könnte – allein schon aus dem Grund, weil ihr euch dann auf nichts mehr zu stützen braucht. Ihr braucht keine Krükken mehr.

«Nimm dein Bett und wandle!» sagt Jesus zu dem Gelähmten. Der Gelähmte ist derjenige, der seine Wirklichkeit verloren hat, der nicht mehr weiß, wer er ist, und in dieser Erdgebundenheit, durch seine Identifikation mit dem Raum-Zeitlichen, sich nicht mehr von der Anziehungskraft des Irdischen lösen kann. Er liegt auf der Erde und kann sich nicht mehr erheben. Und da sagt Jesus: «Steh auf, nimm dein Bett und wandle!» Dies ist das Aufgeben aller Täuschungen, dies ist die totale Befreiung. Auf diese Weise erhebt ihr euch über alle eure Konditionierungen – die Folgeerscheinung eurer Identifikation mit dem Erinnerungsgeflecht einer toten Vergangenheit.

Wenn ihr den Mut habt, alles loszulassen, und alles so sein laßt, wie es ist, in dem Augenblick wird die Wirklichkeit dessen, was ihr wirklich seid, aufstrahlen. Ihr ward gelähmt, und ihr könnt wieder gehen. Ihr ward blind, und euch sind die Augen geöffnet. Ihr werdet das ganze Universum überschreiten und frei sein von Geburt und Tod.

4

Alles ist der Eine Geist

Buddha und alle lebenden Wesen sind nichts anderes als der Eine Geist, neben dem nichts anderes existiert.

(Zen-Meister Huang-po, 9. Jh.)

Das ist ein Satz des chinesischen Zen-Meisters Huang-po, der alles herkömmliche, verstandesmäßige Denken sprengt. Es ist eine Aussage, die euch mit einem Ruck den Boden unter den Füßen wegzieht. Alles Gewohnte, alles Vertraute wird mit dieser Aussage in Frage gestellt.

Wir haben uns schon des öfteren das Bild von den Seifenblasen im leeren Raum vor Augen geführt. Das ist ein sehr gutes Hilfsmittel, das die Sache vielleicht ein bißchen klarer werden läßt. Der unendliche Himmelsraum ist der *eine* Raum, nur *eine einzige* Wirklichkeit; und in diesem Raum stellen wir uns eine große Anzahl von Seifenblasen vor, die in ihm herumschweben.

Das, was wir als äußere Form wahrnehmen, diese Seifenblasen mit ihrem farbigen Schillern, das sind die Lebewesen. Das, was die Seifenblase umgibt (der unendliche Himmelsraum), und das, was innerhalb der Seifenblase ist (diese Leerheit), unterscheidet sich durch nichts. Nur wird der Himmelsraum, das heißt die unendliche Weite des Geistes, durch die willkürliche Begrenzung des Verstandes geteilt in innen und außen, in Einheit und Vielheit. Aber diese Vielheit ist nichts weiter als eine Täuschung, denn all das, was sich uns hier so stabil als Form zeigt, hat keine Wirklichkeit in sich selbst.

Wir können die Seifenblasen auch als die fünf *Skandhas* verstehen. Diese den Persönlichkeitswahn bildenden Daseinsfaktoren sind: Körperlichkeit oder Form, Empfindungen, Wahrnehmungen, Geistesregungen und Bewußtsein. Das bezieht sich auf die Seifenblase in ihrer runden Form, wie wir sie sehen, auf die Farben, auf die Oberflächenspannung usw. Dies alles ergibt eine scheinbare Gesamtheit und die Illusion einer für sich bestehenden Persönlichkeit. Aber diese hat kein wirkliches Sein, sondern ist nur Ereignis. Sie ist nichts weiter als ein bloßer Prozeß geistiger und physischer Phänomene. In dem Augenblick, in dem die Seifenblase platzt, wenn sich dieser ganze Spuk auflöst, in diesem Augenblick offenbart sich die grenzenlose Weite des *Einen* Seins – des Einen Geistes.

Dieser Eine Geist, diese Wirklichkeit eures *Wahren Seins,* ist ungeboren und unzerstörbar. Denn genauso wie der weite Weltraum unzerstörbar ist, ist auch das Innere der Seifenblase unzerstörbar. In dem Augenblick, wenn die Seifenblase stirbt – wenn sie platzt –, löst sich nur die äußere Hülle auf. Es stirbt nur der chemische Prozeß eines Zusammenwirkens von verschiedenen Faktoren, die die bildliche Wahrnehmung einer Seifenblase ergeben haben. Doch diese hatte ja sowieso kein Sein aus sich selbst. Denn alles, was in Abhängigkeit von etwas anderem entsteht – wie die Lehre des Buddha sagt –, unterliegt dem Gesetz des Werdens und Vergehens, und somit der Vergänglichkeit.

Doch das, was *innen* ist, das ist die unzerstörbare Mitte. Es ist das, was sein Sein aus sich selbst hat. Diese absolute Mitte ist aber auch zugleich das allumfassende, organische Ganze, das alles in sich beschlossen hält. Das ist euer *Wahres Sein,* und dieses hat keinen Anfang und kein Ende. Deshalb antwortet Christus auf die Frage der Schriftgelehrten und Pharisäer, woher er käme und wer er sei: «Ich bin das A und das O», das heißt, ich umfasse den Anfang und das Ende – ich bin die Ewigkeit!

Was einen Anfang hat, wird auch ein Ende haben. Doch was *keinen* Anfang hat, wird *kein* Ende haben, denn dieser Geist, der ohne Anfang ist, ist ungeboren und unzerstörbar. Er ist nicht dies und nicht das, denn der Geist gehört nicht zu der Kategorie von Dingen, die existieren oder nicht existieren.

Er ist jenseits von jeder Benennung in Form von «Sein oder Nicht-Sein». Die westliche Philosophie sagt: «Sein oder Nicht-Sein, das ist hier die Frage!» – und der chinesische Zen-Meister Yüan-wu (12. Jh.) sagt im *Bi-yän-lu,* der Niederschrift von der Smaragdenen Felswand: «Wer über Sein oder Nicht-Sein nachdenkt, verliert Leib und Leben!»

Wenn wir sagen, der Eine Geist ist weder dies noch das, dann heißt das, daß er jenseits jeglicher Gegensätzlichkeit ist. Sowie eine Benennung da ist, nur ein einziger Begriff, wenn nur ein einziger Gedanke sich erhebt, dann erhebt sich auch ein zweiter. In dem Augenblick, wenn eine Sache fixiert wird, erhebt sich schon die entgegengesetzte Entsprechung von selbst. Deshalb heißt es ja auch bei Lao-tse: «Wenn jeder sagt, das Schöne ist schön, schon ist das Häßliche da! Wenn jeder sagt, das Gute ist gut, schon ist das Böse da!» Gut und Böse, Ja und Nein, richtig und falsch, das sind alles Erscheinungsweisen des unterscheidenden, verstandesmäßigen Denkens – der Egostrukturierung. Daraus entsteht der ganze Traum einer vielheitlichen, gegensätzlichen Erscheinungswelt. Und ihr selbst, als die Träumer, seid in eurem eigenen Gaukelspiel eines Kreislaufs von Geburt und Tod gefangen.

Es ist so, als ob ihr einen unendlich langen Faden vor euch hättet und anfangen würdet, mit diesem Faden zu spielen. Ihr zieht mal da und zieht mal dort und wickelt ihn euch ein bißchen um die Finger, um die Hand und um den Fuß; ihr dreht euch und wälzt euch darin vor Freude, und ehe ihr euch verseht, seid ihr auf einmal so darin gefangen, daß ihr nicht mehr herauskommt! Ihr habt ein Netz, einen *Maya-Schleier* geschaffen und habt euch darin verstrickt, und je mehr ihr versucht, euch mittels des begrifflichen Denkens aus diesem selbstgezimmerten Gefängnis zu befreien, um so mehr verstrickt ihr euch darin.

Doch hinter diesem ganzen Gaukelspiel befindet sich euer Wahres Selbst – der *Eine Geist.* Er ist wie eine Kinoleinwand, auf deren Oberfläche alle Projektionen, alle Bilder, alle Formen, alle Bewegungen stattfinden. Jedoch der Geist selbst bleibt von allem, was auch geschieht, unberührt. Er hat mit der Sache überhaupt nichts zu tun.

Im allgemeinen seid ihr gewohnt, eure Gedanken – all das, was ihr projiziert in Begriffen und Vorstellungen – als getrennt zu sehen von dem Denker. Das ist ein großer Irrtum, eine vollkommen falsche Betrachtungsweise! Denn der Denker ist ja – wie ich bereits schon sagte – nichts anderes als die Folgeerscheinung des Zusammenwirkens der fünf den Persönlichkeitswahn bildenden Daseinsfaktoren, der *Skandhas.* Der Denker ist nichts anderes als die Summe der Gedanken, mit anderen Worten: Er ist *das Denken selbst.* Aber da er sich für etwas hält, was hinter den Gedanken, hinter den Wahrnehmungen steht, hält er sich für den Mittelpunkt dieses ganzen Geschehens. Und genau das ist der Prozeß der Aufrechterhaltung des Egowahns.

Es wird heute viel darüber geredet, daß man sein Ego töten müsse. Man braucht bloß in eine Buchhandlung zu gehen und die psychologischen oder esoterischen Bücher aufzuschlagen. Überall liest man: «Das Ego muß getötet werden.» Doch das ist eine vollkommen falsche Denkweise, die auf einem totalen Unverständnis beruht. Denn ein Ego existiert überhaupt nicht, und deshalb kann auch keins getötet werden. Das Ego ist nur ein *Prozeß,* ein *Ereignis.* Somit kann nur die *Wahnvorstellung* eines für sich bestehenden Egos – eines Denkers hinter den Gedanken – ausgelöscht, das heißt getötet werden.

Jetzt kommen wir wieder auf Huang-po zurück. Er sagt an einer anderen Stelle: »Du siehst den Einen Geist stets vor dir, doch sobald du über ihn nachdenkst, verfällst du dem Irrtum.» Wieso sehen wir den Einen Geist stets vor uns? Dies ist so, weil alles, was ihr seht, der Eine Geist in der Erscheinungsweise dessen ist, was ihr wahrnehmt. Dieser Gong hier, der Altar mit dem Buddha, diese Lampe, alles, was ihr seht, ist aus der gleichen Wirklichkeit des Einen Geistes geschaffen. Er ist stets da! Du siehst ihn stets vor dir in den vielen Erscheinungsweisen, in allen möglichen Formen. Der Geist steht nicht im Gegensatz zur Materie, es ist vielmehr so, daß er sie bildet. Er ist ihr Stoff, und somit ist er die alleinige Grundlage alles Materiellen, das heißt aller Formen.

Aber diese Formen haben keine Wirklichkeit in sich, deshalb spricht der Buddhismus von *sunyata,* «Leere» oder auch «Leerheit». Alles ist leer. «Form ist Leere, und Leere ist Form», sagt das *Mahaprajnaparamita-Hridaya-Sutra,* das Sutra von der Vollkommenheit der Erkenntnis. Form ist nichts anderes als *Leere,* und Leere zeigt sich als *Form.* Alles ist das Eine ohne Zweites. Nur durch deine unterscheidende Wahrnehmung teilst du alles in einen Wahrnehmenden als Subjekt, in einen Wahrnehmungsprozeß und in das Wahrgenommene als Objekt. Und das sind drei. Doch diese drei sind in Wirklichkeit *eins. Jede Vielheit ist Illusion!* Es gibt nur ein einziges Sein, den Einen Geist, neben dem nichts anderes existiert. Er ist die einzige Realität im tiefsten Grunde aller Lebewesen und Dinge. In Wahrheit existieren weder voneinander getrennte Lebewesen noch Gegenstände. Demzufolge ist die körperliche Existenz, das heißt die gesamte äußere Erscheinungswelt, nichts anderes als eine Illusion, ein Abfallprodukt der wahrnehmenden Erkenntnis. Deshalb sagt Huang-po: «Alles ist der Eine Geist, neben dem nichts anderes existiert.»

Alles, was du dir durch begriffliches, unterscheidendes Denken und durch verstandesmäßige Analyse auch erdenkst oder philosophisch erarbeitest, all das ist nichts weiter als

Spekulation und hat mit der Sache nichts zu tun. Auf diese Weise gerätst du immer mehr in geistige Verwirrung und entfernst dich immer weiter von dem Klaren Licht des Geistes, das hinter all dem leuchtet. Diese Wirklichkeit jenseits des Denkens, das ist *euer Wahres Sein!* Werdet wach! Hört auf zu träumen! Und der ursprüngliche Zustand eures Seins wird aufstrahlen und mit seinem Glanz das ganze Universum erfüllen. Dies ist euer Wahres Angesicht vor eurer Geburt.

5

Blitzartige Erleuchtung

Könnte der gewöhnliche Mensch, wenn er im Sterben liegt, nur die fünf Daseinsfaktoren als leer erkennen, dann würde er blitzartig Erleuchtung erlangen.

(Zen-Meister Huang-po, 9. Jh.)

Ein wunderbarer Text des Zen-Meisters Huang-po, der die Sache des Zen genau trifft. Huang-po sagt ausdrücklich der «gewöhnliche» Mensch; das heißt, nicht nur ein Mensch, der besonders auserwählt oder besonders begabt ist, sondern jeder, wer es auch sei, jeder Mensch hat die Möglichkeit, Erleuchtung zu erlangen.

«Könnte der gewöhnliche Mensch, wenn er im Sterben liegt, nur die fünf Daseinsfaktoren (Körperlichkeit, Empfindungen, Wahrnehmungen, Geistesregungen und Bewußtsein) als leer erkennen ...» *Genau da* liegt die ganze Problematik eurer Situation, weil ihr gewohnt seid, euch mit euren alten Erinnerungen einer toten Vergangenheit zu identifizieren. Ständig identifiziert ihr euch mit euren alten Verhaltensmustern und Denkmodellen und meint dann, das sei eure Persönlichkeit. So seid ihr alle, die ihr hier zu mir kommt, sehr gewichtige Persönlichkeiten. Jeder ist etwas Besonderes.

All das, womit ihr euch identifiziert, eure ganzen Erinnerungen, beginnend von den ersten Tagen eurer Kindheit an, diese ganze Summe von Erfahrungen bildet eure vermeintliche Individualität. Diese gewohnte Betrachtungsweise bildet dann – in der Verhärtung zum Egopanzer – die Illusion eines selbständig für sich bestehenden Individuums. Dieses erlebt sich als getrennt von allem, was es wahrnimmt und erfährt.

Ich bin ich, und du bist du, dies sind zwei verschiedene Dinge – das ist die dualistische Betrachtungsweise des weltgebundenen Durchschnittsmenschen. Ich bin du, und du bist ich, wer mich sieht, sieht uns, in unserem Selbst umfangen wir das All – das ist die Betrachtungsweise des Erleuchteten. Das ist die kosmische Dimension der allumfassenden Ganzheit, denn alles vermeintlich Vielheitliche ist ein organisches, in sich geschlossenes, allumfassendes Ganzes, das alles in sich beschlossen hält. «Das Ganze ist größer als die Summe seiner Teile», sagt Pythagoras.

Die vielheitliche Weltwahrnehmung ist nichts anderes als die Folgeerscheinung des dualistischen Denkens, so daß man Subjekt und Objekt und den Wahrnehmungsprozeß unterteilt in drei verschiedene Dinge. Huang-po sagt: «Könnte der gewöhnliche Mensch, wenn er im Sterben liegt, nur die (persönlichkeitsbildenden) Daseinsfaktoren als leer erkennen», das heißt als «Schein» erkennen.

«Form ist Leere, und Leere ist Form», heißt es im *Mahaprajnaparamita-Hridaya-Sutra,* dem Sutra von der Vollkommenheit der Erkenntnis, das in den Zen-Klöstern täglich rezitiert wird. Die *Skandhas* sind leer. Körperlichkeit ist leer, Empfindungen sind leer, Wahrnehmungen, Geistesregungen und Bewußtsein sind leer. Daraus resultiert: Sehen, Hören, Riechen, Tasten, Schmecken und Denken, alles ist leer. Leer, das heißt ohne Eigensubstanz, ohne Sein aus sich selbst. Es ist nichts anderes als Erscheinung, ohne jede Wirklichkeit.

Die ganze äußere Erscheinungswelt hat nur ein relatives Sein wie zum Beispiel eine Fata Morgana, von der man ja auch nicht sagen kann, daß sie nicht existiert, daß sie nicht da ist. Man kann die Fata Morgana wirklich sehen, diese wunderbare Oase mit der erfrischenden Quelle und den herrlichen Pflanzen. Man sieht sie, aber sie ist nichts weiter als Erscheinung und hat somit nur eine relative Wirklichkeit.

Ebenso hat die ganze Welt nur eine relative Wirklichkeit. Die Welt ist nur Schein. Sie erscheint als etwas, was sie nicht ist, denn sie ist nichts weiter als ein gigantisches Trugbild – eine Wahnvorstellung.

Alles, was Inhalt unserer Wahrnehmung werden kann, ist nur Schein ohne wirkliches Sein. Doch das *Sein an sich* ist das Sein ohne Bedingung, ohne Abhängigkeit von etwas Vorausgegangenem, und somit hat es das Sein aus sich selbst. Als die Wirklichkeit des «Einen Geistes» ist es die Grundlage aller Dinge, und deshalb ist es so, wie es ist – So-Sein, *tathata.*

Könnte der gewöhnliche Mensch, wenn er im Sterben liegt...

Der Augenblick des Todes ist ein ganz entscheidender Moment. Es ist dieser Augenblick, in dem unsere gewohnte und vertraute Wahrnehmung, das Gefühl der Stabilität einer äußeren Erscheinungswelt, sich aufzulösen beginnt. Alles löst sich auf. Nichts können wir mehr festhalten. Die ganze Vergangenheit, unser ganzes Leben, ist nichts weiter als eine Erinnerung. Alles schmilzt zusammen auf einen Punkt. Und diese Dimension verstärkt sich noch, da keine Weiterbewegung mehr stattfindet. Es ist ein Einschnitt, ein radikales *Aus!* Der Lebensfaden wird durchtrennt. Die Perlen der Identifikation auf dieser Perlenkette des Lebens purzeln zu Boden, rollen weg und lösen sich auf.

Die erleuchteten Meister aller Religionen weisen immer wieder darauf hin, daß der Augenblick des Todes ein ganz wesentlicher Moment ist. Denn «in was du begehrst», wie Emerson einmal sagte, «wirst du verwandelt werden». Ihr werdet da hingezogen, wo euer Herz verweilt. Welcher Art die Identifikationen auch sind, sie bilden die Färbung der *Samskaras,* der karmischen Triebkräfte, die euer ganzes irdisches Leben bestimmen. Darüber hinaus wirken sie auch durch den *Bardo* hindurch – dem Zwischenzustand zwischen

Tod und Wiedergeburt – und bestimmen so die Form der Wiedergeburt in eurem nächsten Leben.

Doch wenn ihr im Moment des Todes die Leerheit dieses ganzen Truges, dieses ganzen Gaukelspiels, erkennt, dann lösen sich alle Identifikationen und Anhaftungen von selber auf. In diesem Augenblick, in dem ihr die Leerheit alles Seienden, das heißt alles vermeintlich Seienden, erkennt, in diesem Augenblick geschieht die Loslösung ganz von selbst.

Könnte der gewöhnliche Mensch, wenn er im Sterben liegt, nur die fünf Daseinsfaktoren als leer erkennen…

Das ist es, worauf es ankommt. Darum frage ich euch: Dieser Augenblick des Sterbens, warum solange darauf warten? Warum nicht jetzt den *mystischen Tod* sterben? *Jetzt!* In diesem Augenblick! Silesius sagt: «Stirb, ehe du stirbst, damit du nicht verdirbst, wenn du stirbst.» Und das ist unser Weg der Zen-Praxis, der Weg des *Za-Zen,* der Weg des Hineinsterbens in den *Großen Tod.*

Wenn ihr jetzt, solange ihr noch klaren Denkens seid und klar entscheiden könnt, loslaßt, den Trug durchschaut und euch auf das «Hier und Jetzt» radikal einlaßt, dann lösen sich Raum und Zeit und somit alles auf. Und die absolute Realität hinter dem ganzen Trugbild, die leere Leinwand des Selbst-Geistes, der ursprüngliche Zustand eures Geistes, strahlt mit unverminderter Klarheit auf.

Jedoch das kleinste Zögern kann bewirken, daß Leib und Leben verloren sind. «Wahre Worte sind nicht schön, und schöne Worte sind nicht wahr», sagt Lao-tse. Je tiefer die Aussage ist und je direkter sie den Kern der Sache trifft, um so weniger sind es – vom allgemeinen Verständnis aus gesehen – erbauliche Worte. Denn sie reißen euch immer das Fundament eurer Egopanzerung unter den Füßen weg. Das, was euch die vermeintliche Sicherheit in dieser raum-zeitlichen Dimension eines *Samsara*-Wahns gibt, all das löst sich auf.

Es ist so, als befändest du dich auf einer Eisscholle, weit draußen auf einem warmen Gewässer treibend. Die Eisscholle löst sich auf. Du kannst dich nicht mehr daran festhalten. Gut, du kannst es versuchen, aber sie wird sich auflösen und zu dem zurückkehren, wovon sie ausging. Es gibt nur zwei Möglichkeiten: entweder in diesem Irrwahn der Anklammerung zu verweilen, um in Angst und Entsetzen mit der Auflösung dieses Pseudo-Fundamentes einer scheinbar stabilen Außenwelt unterzugehen, oder im Einklang mit dem Tao zu sein.

Wenn du im Einklang mit dem Tao bist, dann fließt du mit, du stellst dich nicht dagegen. Auch wenn sich alles auflöst, verursacht das weder Angst noch Schrecken, denn es ist die harmonische Heimkehr in den ursprünglichen Zustand deines Seins. Wenn du erkennst, daß die den Persönlichkeitswahn bildenden Daseinsfaktoren sowieso kein Sein haben und daß all das, was du wahrnimmst, nichts weiter ist als eine Illusion, dann gelangst du zur inneren Loslösung von allem. Diese Loslösung hat jedoch nichts mit einer dualistischen Geisteshaltung des Annehmens und Ablehnens zu tun. Denn diese Eisscholle, die auf dem Wasser treibt, um auf unser Beispiel zurückzukommen, unterscheidet sich nicht von dem Wasser, das sie umgibt.

Zen-Meister Hakuin (18. Jh.) sagt: «Die Menschen sind in ihrem tiefsten Wesen Buddha. Es ist wie Wasser und Eis: so wie es ohne Wasser kein Eis gibt, so gibt es ohne Buddha nicht einen Menschen. Wehe den Menschen, die in weiter Ferne suchen und, was nahe liegt, nicht wissen! Sie gleichen denen, die mitten im Wasser stehen und doch nach Wasser schreien.»

Alles ist der Eine Geist. Nichts, was nicht der Eine Geist wäre. Bloß in eurer gewohnten Verhaltensweise, den Dingen und Situationen zu begegnen, in Form von Annehmen und Verwerfen, als eingefahrene Verhaltensmuster, überdeckt ihr die Wirklichkeit des Seils mit der Wahnidee einer gefürchteten Schlange.

Doch nur eure Vorstellung, aktiviert durch die Angst, erschafft eine Schlange. Eure Freude erschafft zum Beispiel eine Blume. In eurer Vorstellung könnt ihr alles erschaffen. Es ist, als ob ihr zu einem Töpfer geht. Der Töpfer hat seinen Ton, aus dem er alle möglichen Dinge formt. Wenn ihr in die Auslage schaut, dann seht ihr viele verschieden geformte Gefäße: Krüge, Vasen, Schalen, Becher usw., alle möglichen Dinge, eine unheimliche Vielfalt von Formen. Aber all diese verschiedenen Dinge sind nichts anderes als Ton, immer der gleiche Ton.

Die *Samskaras,* eure karmischen Triebkräfte, formen die Dinge, und die Substanz, der Ton, das ist der Eine Geist. Also, meine lieben Freunde, warum weitertöpfern? Warum nicht im ursprünglichen Zustand des Geistes verweilen? *Befreit euch von allem!* Seid, was ihr seid, und schafft keine Überlagerungen! Es ist ganz einfach, wirklich ganz einfach!

Euer Problem besteht einzig und allein darin, daß ihr vergessen habt, wer ihr seid. Denn hättet ihr es nicht vergessen, kämt ihr ja nicht hierher. Ihr kommt hierher und fragt mich, wer ihr seid. Das ist sehr sonderbar.

Die Welle fragt das Meer: «Wer bin ich?» Und das Meer antwortet: «Ich bin du!» Ihr alle seid das Meer. Ihr alle seid *selbst* die Wirklichkeit, die ihr sucht. Christus sagt: «Der Vater und ich sind eins», das heißt: Wer mich sieht, sieht uns. Es gibt keine Unterscheidung.

Das Denken in seiner begrifflichen Fixierung schafft die Unterscheidung, und hierdurch entsteht die Illusion einer Vielheit. Wo Vielheit ist, ist aber auch zugleich Getrenntheit. Ihr erlebt euch als getrennt vom Ganzen, und so erheben sich alle Probleme. Denn wenn die Gedanken sich erheben, erheben sich alle Dinge, und wenn die Gedanken schwinden, schwinden alle Dinge und somit alle Probleme. Das Denken erzeugt die karmischen Triebkräfte, die dann alle Gefühlsimpulse und Geistesregungen und somit alle Arten von Vorstellungen aktivieren.

Es ist so wie des Nachts, wenn ihr im Traum liegt. Es besteht keine Notwendigkeit zu träumen, aber es sind die unverdauten Tageseindrücke und Erinnerungen, die als karmische Triebkräfte zu wirken beginnen. Sie erheben sich und formieren sich zu allen möglichen Situationen und Geschehnissen.

Soji Enku sagte des öfteren: «Wenn die Gedanken sich erheben, geht die Weisheit ein.» Und ich füge hinzu: «Wenn die Gedanken schwinden, leuchtet die Wirklichkeit auf.» Alle Gedanken müssen schwinden! Also, wollt ihr dem Spuk ein Ende machen, dann müßt ihr den mystischen Tod sterben. Ein alter Zen-Meister sagt: «Stirb, und sei ganz tot. Dann tue, was immer du willst, alles ist gut.»

Natürlich, wenn hier einer vor euch sitzt und vom Tod spricht, vom Sterben und Loslassen, dann könnte man sagen, das ist aber eine traurige Philosophie. Aber ich sage euch, es ist gar keine Philosophie, es ist die Wahrheit. Als traurig erscheint sie nur dem, der sich an der Welt festhält. Wenn ihr daran festhaltet, dann wird es euch natürlich sehr schwer fallen, euch davon zu lösen, genau wie einem Kind, das sich eine Burg aus Sand gebaut hat, und jetzt kommt jemand und tritt die Burg kaputt. Welch ein Jammer! Aber warum Herbstblätter für Gold halten? Warum Tränen vergießen über Dinge, die sowieso kein Sein haben?

Nur derjenige wehrt sich gegen den Gedanken an den Tod, der sowieso schon geistig tot ist. Deshalb sagt Christus: «Laß die Toten ihre Toten begraben, und folge mir nach!» Christus nachfolgen heißt aber: den Tod annehmen und sich ganz darauf einlassen. Soji Enku sagt in seinem wunderbaren Gedicht «Der Große Tod»: «Der Große Tod, dein Leben beugt sich mit einem Lächeln ganz über dich. Nimm ihn auf mit allen Rosen der Liebe, die du je empfangen hast.»

Das ist es, das ist die Wahrheit. In dem Augenblick, wenn ihr euch ganz auf den Tod einlaßt, wird euch das «Große Leben» zuteil. Und ihr werdet aufspringen und ausrufen: Ha!

Jetzt habe ich es erkannt. Alles Lug und Trug! Es gibt kein Gefangensein, es gibt keine Befreiung, es gibt keinen *Samsara* und kein *Nirvana*. Alles ist MU! So ist es. MU, Nichts! Zu diesem Nichts müßt ihr werden – es ganz sein. Doch haltet euch nicht fest an dem Wort MU, sonst seid ihr schon wieder fixiert.

Jetzt! Hört ihr es? (...) (Der Meister hält das Schlagholz hoch.) Jetzt ist es da, das MU, und das MU ist das «Jetzt»! Aber dieses Jetzt unterscheidet sich nicht von allem, was vorausging und was danach folgt. Denn das Jetzt ist immer da. Alles ist Jetzt! Alles ist MU!

«Sterbt, und seid ganz tot, dann tut, was immer ihr wollt, alles ist gut.» Dieses Sterben ist das Eintauchen in das «Große Leben». Der *Große Tod* und das *Große Leben* sind ein und dasselbe. Das totale Loslassen und das Umfangensein von der Göttlichen Wirklichkeit ist *eine* Erfahrung. Dazu braucht ihr nichts weiter zu tun, als nur der zu sein, der ihr seid. Mit anderen Worten: Laßt euer *Wahres Angesicht vor eurer Geburt aufscheinen!*

6

Die Leere bedarf keiner Stütze

Die Leere bedarf keiner Stütze, Mahamudra stützt sich auf nichts. Ohne sich anzustrengen, gelöst und natürlich bleibend, kann man das Joch zerbrechen und Befreiung erlangen. Wenn man nichts sieht, während man in den Raum hinausschaut, und zugleich der Geist den Geist erblickt, vernichtet man alle Unterscheidungen und erreicht Buddhaschaft.

(Mahamudra-Meister Tilopa, 11. Jh.)

Die Leere bedarf keiner Stütze, Mahamudra stützt sich auf nichts.

«Du kannst auf die Leere kein Brett nageln», heißt es bei Huang-po. *Mahamudra,* die grenzenlose Weite des Einen Geistes, bedarf keiner Stütze, es stützt sich auf nichts. Alle Denksysteme, die ganzen künstlichen Philosophien, die geschaffen wurden, diese Pseudo-Wirklichkeiten, das sind alles Folgeerscheinungen gehirnakrobatischer Spekulation, und deshalb bedürfen sie ständig neuer Krücken, Gerüste und Denkstützen, damit sie nicht zusammenbrechen. Aber die Wirklichkeit an sich ist unaussagbar, sie stützt sich auf überhaupt nichts.

Ohne sich anzustrengen, gelöst und natürlich bleibend…

Man braucht nichts zu tun, wirklich gar nichts. Es ist ganz einfach. Nur gelöst und natürlich bleibend, kann man, *ohne sich anzustrengen,* das Joch zerbrechen und Befreiung erlangen.

Man hört überall, Zen sei eine ganz schwierige Sache, und

auch in den meisten Büchern über Zen liest man immer wieder, Zen sei sehr, sehr schwierig. Und westliche Interpreten schreiben, für den westlichen Menschen sei Zen sowieso niemals ganz verständlich. Es wird da so eine große Geheimnistuerei um das Zen gemacht, aber ich sage euch: Zen ist nicht schwierig, es ist eher *ganz einfach*. Dies ist nicht nur eine entgegengesetzte Behauptung, sondern ich sage: Die Schwierigkeit im Verständnis des Zen liegt nur darin, daß ihr nicht versteht, wie nah euch die Wirklichkeit ist, die ihr sucht. Das ist nämlich der ganze Haken an der Sache. Und da sie so nah ist, wie es gar nicht näher geht, gibt es in Wahrheit auch nichts zu suchen.

Deshalb praktizieren wir auch nicht diese knochenbrecherische japanische *Kamikaze*-Form des *Za-Zen,* wo man nur noch auf dem Meditationskissen sitzt und gegen die Wand glotzt. Es gibt in japanischen Klöstern *Sesshins* (sogenannte längere Sitzperioden), da sitzt man nur noch auf dem Meditationskissen, und das geht viele Tage und Wochen lang, nur noch sitzen und sitzen und sitzen. Es ist aber «großzügigerweise» erlaubt, nach Mitternacht für die Zeitdauer einer Stunde auf dem Kissen etwas einzunicken – natürlich mit gerader Körperhaltung. Über diese falsche Art des Übens sagt Zen-Meister Lin-chi: «Es gibt blinde Kahlköpfe, die, nachdem sie sich sattgefressen haben, *Za-Zen* üben. Sie halten die Bewegung der Gedanken an, und damit sie sich gar nicht erst bilden, fliehen sie den Lärm der Welt und suchen die Stille. Das ist eine abweichende Form des Zen. Es ist die Falle der toten Leere.»

Diese tote Praxis des *Za-Zen* ist dem Zen der alten chinesischen Meister total entgegengesetzt. *Za-Zen* heißt nicht sitzen wie ein erstarrter Leichnam. *Za* – heißt sitzen, in Form von verweilen, *Zen* – heißt Versenkung, sich versenken in die Wirklichkeit selbst, die Quelle unseres Seins, also *verweilen an der Quelle*. Das ist es. Es geht hier also nicht vorwiegend um eine körperliche Praxis, sondern vielmehr um die Geisteshaltung des Hingewendetseins nach innen bei allem, was man tut. Dies ist das lebendige Zen der alten chinesischen Meister, und alles andere sind krankhafte Auswüchse überspannter Gehirne.

«Ohne sich anzustrengen, gelöst und natürlich bleibend...» Das ist wahres *Za-Zen* und zugleich die Geisteshaltung des Taoismus. Wir dürfen nicht vergessen, daß die alten chinesischen Zen-Meister wie Hui-neng, Ma-tsu, Pai-chang, Huang-po, Lin-chi usw. ganz durchdrungen waren vom Geist des Tao. Das wesentliche Element des Taoismus ist aber das *Wu-Wei,* das Nicht-Tun, die gelöste und entspannte Geisteshaltung des Nicht-Wollens. Das Tao fließt wie das Wasser, und wenn ihr im Einklang mit dem Tao seid, fließt ihr mit.

Also, nicht irgendwelche Barrieren oder künstliche Wege schaffen! Legt euch keine Ketten der Dogmatik an und mauert euch nicht im Kerker eines Systems ein! Das entspricht nicht dem ursprünglichen Geist des Tao und nicht dem ursprünglichen Geist des *Ch'an* (das chinesische Wort für Zen). Damit es keine Verwechslung gibt und keiner meint, wir würden hier diese japanische knochenverbiegende Form des Zen praktizieren, nennen wir unser Zentrum «Tao Ch'an» Zentrum!

Ohne sich anzustrengen, gelöst und natürlich bleibend, kann man das Joch zerbrechen und Befreiung erlangen.

«Ha!» könnte jetzt einer sagen, «eben hab ich ihn, eben hat er sich verraten: Das Joch zerbrechen, das ist ja doch etwas Gewaltsames.» Nein! Es ist nichts Gewaltsames. In dem Augenblick, wenn man, ohne sich anzustrengen, gelöst und natürlich bleibt, dann ist da keine Ego-Fixierung mehr und kein künstliches Gehabe, da ist nur noch der Geist des *Wu-Wei,* des Nicht-Tuns, und der Geist des *Wu-Nien,* des Nicht-Denkens. Das ist der wahre Zen-Geist. Und in dieser Verfassung der heiteren Widerspiegelung des Geistes lösen sich eure Anhaftungen und Identifikationen, Gier, Haß und Verblendung auf. Ebenso ist es mit Alter, Verzweiflung, Krankheit, Schmerz und Tod, all das löst sich auf.

Nicht, daß ihr nicht mehr altert und nicht mehr krank werdet, es geschieht einfach. Die Dinge geschehen ganz natürlich. Die Pflanze wächst empor, die Knospe geht auf, wird zur Blume und blüht in voller Pracht. Sie verbreitet ihren herrlichen Duft, Bienen und Schmetterlinge sind eingeladen, und dann kommt die Zeit, wo sie sich auflöst und verwelkt. Alles geschieht ganz natürlich, im Einklang mit dem Tao.

Wenn man nichts sieht, während man in den Raum hinausschaut, und zugleich der Geist den Geist erblickt, vernichtet man alle Unterscheidungen und erreicht Buddhaschaft.

«Wenn man nichts sieht, während man in den Raum hinausschaut», das heißt, die Dinge sind schon noch da, wenn ihr in der Geistesverfassung der heiteren Widerspiegelung des Geistes in den Raum hinausschaut, aber es ist nicht mehr die Welt in der Unterscheidung von Subjekt und Objekt. Es ist nicht mehr so, daß ihr als egozentriertes Subjekt äußere Objekte wahrnehmt in der Unterscheidung von richtig und falsch, von begehren und ablehnen. Vielmehr ist alles ein allumfassendes, organisches Ganzes, das alles in sich auf eine wunderbare, vollkommene Weise beschlossen hält.

Ihr schaut hinaus, und dieses Hinausschauen ist, da es keine dualistische Form der Wahrnehmung mehr ist, ein *Nicht*-Hinausschauen. Denn da gibt es kein Außen, und da gibt es kein Innen, da ist nur noch «So-Sein», *tathata*. Alles ist so, wie es ist. Alles ist das *Eine*. Der Sehende, das Gesehene und der Sehprozeß, alles ist eins. Der Denker, das Gedachte und der Prozeß des Denkens fallen in Eins zusammen, und die Vielheit löst sich auf.

Das Wahrgenommene hat keine Wirklichkeit in sich und

der Wahrnehmende, als der Denker, auch nicht. Alles ist nur Ereignis! Alles ist nur ein psychischer Prozeß! Es gibt keinen Denker als Subjekt. Es existiert nur eine Aufeinanderfolge von Gedanken. Wenn ich sage, es gibt keinen Denker als Subjekt, dann löst das bei vielen Menschen Ängste aus. Diese Ängste sind jedoch völlig unbegründet, sie verraten lediglich die Bindung an etwas Nicht-Existierendes. In dem Augenblick, wenn ihr euch ganz auf dieses *So-Sein,* auf dieses *Hier und Jetzt* einlaßt, dann löst sich der ganze Spuk auf, und es gibt keine Unterscheidung mehr. Alles ist gut, so wie es ist. Denn dann offenbart sich die Wirklichkeit hinter den Erscheinungen, so wie eine Kinoleinwand hinter den Bildern. Die Projektion einer äußeren vielheitlichen Erscheinungswelt, bedingt durch den Prozeß von Annehmen und Verwerfen, erlischt. Der Film ist aus, und das Klare Licht der Wirklichkeit strahlt auf.

... und zugleich der Geist den Geist erblickt ...

heißt es deshalb bei Tilopa weiter. In diesem Augenblick ist «das Auge, in dem ich Gott sehe, dasselbe Auge, in dem Gott mich sieht; mein Auge und Gottes Auge, das ist ein Auge, ein Erkennen und ein Lieben», wie Meister Eckhart sagt. Auf diese Weise «vernichtet man alle Unterscheidungen und erreicht Buddhaschaft». Dieses Erreichen ist jedoch nicht so etwas wie zum Beispiel das Erklimmen eines Berges, es ist auch nicht etwas, was als fernes Ziel irgendwo liegt, wo ihr hingelangen müßt, sondern es ist stets gegenwärtig.

Christus sagt: «Das Reich Gottes ist inwendig in euch», so übersetzt es Luther, und in anderen Übersetzungen heißt es: «Das Reich Gottes ist mitten unter euch.» Diese beiden Übersetzungen widersprechen sich aber nicht (wie die Theologen meinen), sondern sie ergänzen sich. Die Wirklichkeit des allumfassenden Seins, die Wirklichkeit des All-Geistes, ist in euch und ist zugleich eure eigene Wirklichkeit unter euren Füßen. Die chinesischen Meister des Zen sagten: «Schau unter deine Fußsohlen, dort findest du das Tao, dort findest du *Nirvana*.»

Die Wolken, die über den Himmel wandern, wurzeln nirgends, haben keine Bleibe; und ebensowenig die unterscheidenden Gedanken, die über den Geist hinwegziehen. Sobald der Selbst-Geist erblickt worden ist, endet alle Unterscheidung.

Eure Gedanken und eure Vorstellungen, die über den Geist hinwegziehen, haben keine Wirklichkeit, keine Stabilität; sie ziehen einfach vorüber. So wie des Abends die Wolken über den Mond hinwegziehen, ebenso ziehen die Wolken eurer Gedanken über den Selbst-Geist hinweg. Und so kann es sein, daß ihr, wenn ihr am Abend zum wolkenbedeckten Himmel hochschaut und keinen Mond seht, sagt, es ist heute kein Mond da. Doch! Er ist immer da, der Mond, ebenso wie der aus sich selbst leuchtende Selbst-Geist. Er strahlt immer, er ist immer gegenwärtig. Und sobald der Selbst-Geist erblickt worden ist, endet alle Unterscheidung, und ihr erwacht aus eurem Traum einer dreidimensionalen raum-zeitlichen Welt und seid befreit.

7

Es gibt nichts zu suchen

Unser ursprüngliches Buddha-Wesen ist, vom Standpunkt der höchsten Wahrheit, ohne das geringste Teilchen von Gegenständlichkeit. Es ist leer, allgegenwärtig, still und rein. Es ist herrliche und geheimnisvoll friedvolle Freude – nichts anderes.

(Zen-Meister Huang-po, 9. Jh.)

Unser ursprüngliches Buddha-Wesen, das heißt unser Wahres Sein, der wahre ursprüngliche Zustand unseres Geistes, ist, vom Standpunkt der höchsten Wahrheit aus gesehen, ohne wahrnehmbares Merkmal. Es entzieht sich jeder Benennung. Es ist das Sein, das alles in sich beschlossen hält.

Es ist leer, allgegenwärtig, still und rein.

Leer *(sunyata)*, das heißt, es ist frei von allen begrifflichen Fixierungen und hat keinen Inhalt. Es ist die Fülle des Göttlichen Nichts, das überseiende Nicht-Sein.

Es ist allgegenwärtig, still und rein. Und da es allgegenwärtig ist, braucht ihr es nicht zu suchen. Alles Suchen geschieht nur aus dem Nicht-Wissen heraus. Es ist ein Suchen aus der fälschlichen Annahme, daß die Absolute Wirklichkeit etwas ist, was durch irgendwelche Aktivitäten erlangt werden kann. Ihr könnt euch bemühen, wie ihr wollt, ihr werdet es durch eure Bemühungen nicht erlangen. Je mehr ihr euch bemüht, um so mehr entfernt ihr euch davon. Dies ist das große Dilemma. Alle Religionen, alle Philosophien sagen euch, daß ihr dieses und jenes tun sollt: Askese betreiben, philosophische Schriften und Kommentarliteratur studieren, *Yantra-* und *Kundalini*-Meditation üben usw. Aber Zen verweist immer nur auf den ursprünglichen Zustand eures Seins – direkt, unmittelbar.

Die Wirklichkeit, die ihr sucht, offenbart sich dann, wenn ihr erkennt, daß es gar nichts zu suchen gibt. Alles Suchen ist Nicht-Wissen. Du kannst dein Wahres Selbst nicht erlangen, du kannst es nicht suchen. Du kannst aber still sein und in dir selbst verweilen und dich somit von der allmächtigen Wesenheit des Einen Geistes finden lassen.

Wir kennen alle das Gleichnis von dem Mann, der am Eingang zum Paradies steht und versucht, mit aller Gewalt das Tor zu öffnen. Er klopft an, er tritt dagegen und drückt mit aller Kraft – doch es geschieht nichts. Dies geht die ganze Nacht hindurch, bis er dann irgendwann erschöpft niedersinkt und erkennt, daß all sein Bemühen zu nichts führt, und siehe da: Das Tor geht auf, aber nicht nach innen, sondern nach außen, zu ihm hin. Das ist es! Euer ganzes Bemühen ist nichts anderes als ein Zudrücken des Tores zur Befreiung.

«Es gibt nichts zu erlangen», dies ist ein ganz wesentlicher Satz, es ist die grundlegende Aussage des Zen überhaupt. Es gibt nichts zu erreichen. Je mehr ihr in der Illusion lebt, daß es irgend etwas zu erreichen gibt und daß ihr irgendwas erlangen könnt, um so mehr entfernt ihr euch von dem ursprünglichen Zustand eures Seins, dem ursprünglichen Zustand des Geistes.

Was wollt ihr erlangen? Es gibt keine neuen Güter zu erwerben. Alles ist da, *hier* und *jetzt!* Wo wollt ihr einen Fußbreit Land gewinnen, wenn ihr doch schon mitten drauf steht? Wo wollt ihr es suchen? Die alten Chinesen sagten: Suchst du das Tao, dann schau unter deine Fußsohlen!

Und immer wieder möchte ich auf die Bibelstelle hinweisen, wo die Pharisäer zu Jesus kommen und sagen: «Du sprichst doch die ganze Zeit vom Reich Gottes. Du sagst, das Reich Gottes ist nah und daß es bald kommt. Doch *wie* werden wir erkennen, daß es kommt, und *wann* wird es kommen?» Und Jesus sagt: «Das Reich Gottes kommt nicht so, daß man es an äußeren Zeichen erkennen könnte. Man kann auch nicht sagen: Seht, hier ist es!, oder: Dort ist es! Denn: Das Reich Gottes ist *inwendig in euch.*» So übersetzt es Martin Luther. Es gibt aber auch andere Übersetzungen, da heißt es: «Das Reich Gottes ist *mitten unter euch.*» Die Bibel-Wissenschaftler und Theologen sind sich da sehr uneins und streiten sich, welches wohl die richtige Übersetzung sei, «inwendig in euch» oder «mitten unter euch»; dabei ist beides richtig, das eine wie das andere. Das eine ergänzt das andere.

Wenn es heißt «das Reich Gottes ist inwendig in euch», dann ist dieses «Innen» der Mittelpunkt des Seins. Es ist des Menschen Allerinnerstes, der Ort und Ursprung allen Lebens. Es ist die «Höhle des Göttlichen Dunkels», die «*Krypta* des Herzens», wie die christlichen Mystiker sagen. In ihr leuchtet das Licht eures Wahren Wesens. Das ist das Reich Gottes «inwendig in euch», euer *Allerinnerstes.* Und dieses Allerinnerste kann nichts anderes sein als das *Jetzt!*

Das Allerinnerste kann niemals die Vergangenheit sein, und es kann niemals die Zukunft sein. Denn das sind alles nur Wolken, die über das Klare Licht des Geistes hinwegziehen und keine Realität haben. Die Wirklichkeit strahlt mit unverminderter Klarheit dahinter – ewig, ungeboren, unzerstörbar, außerhalb von Raum und Zeit; ewig sie selbst seiend. Und da dem so ist und sie sich als Grundlage all eurer Erfahrungen offenbart, ist sie zugleich «mitten unter euch».

Suchst du das Tao, es befindet sich direkt unter dir, du stehst darauf. Schau unter deine Fußsohlen! Da ist es und sonst nirgends; und das heißt: *überall!* Wo ihr geht, wo ihr steht, wo ihr auch seid: Überall ist die unwandelbare Buddha-Wesenheit, die Urquelle des gesamten Kosmos, gegenwärtig. Warum rast ihr wie wildgewordene Affen über den Erdenglobus und sucht etwas, was ihr nie verloren habt? Welch ein Wahn. Es ist *immer da.*

«Es ist leer», sagt Huang-po, «allgegenwärtig, still und rein.» *Leer,* das heißt, alles, was ihr erfahrt innerhalb der raum-zeitlichen Dimension eurer Welt-Wahrnehmung, ist ohne Wirklichkeit aus sich selbst. Es gibt in der Welt der Erfahrung nichts aus sich selbst Seiendes. Aber die Wirklichkeit *hinter* allen Erfahrungen, das ist die allem zugrundeliegende Realität. Diese entzieht sich jedoch jeder begrifflichen Benennung wie Sein oder Nicht-Sein, Substanz oder Nicht-Substanz. Somit ist sie «leer» *(sunyata).*

Es ist herrliche und geheimnisvoll friedvolle Freude – und nichts anderes.

Wie willst du diese wahre Freude finden? Du kannst sie nur finden, indem du dich auf diesen ursprünglichen Zustand deines Selbstseins, auf den ursprünglichen Zustand des Geistes einläßt. Dieses dein Wahres Selbst ist in Wahrheit nichts anderes als herrliche und geheimnisvoll friedvolle Freude.

Wenn du aber mit einer verkrampften Leichenträgermiene daherkommst und meinst, daß du mittels deines begrifflichen Denkens und mit deinen Moralvorstellungen von Annehmen und Ablehnen, richtig und falsch zur großen Freude gelangen wirst, bist du auf dem Holzweg. Solange du an diesem ganzen Dualismus festhältst und meinst, auf diese Weise könntest du in die geheimnisvoll friedvolle Freude eintreten, du könntest so die große Göttliche Freude erfahren – ist es nichts. Wenn du dich nicht selbst dieser Freude öffnest, wirst du die wahre Freude nicht erfahren. Im Gegenteil: Die Göttliche Freude wird, wenn sie deiner ansichtig wird, fluchtartig das Weite suchen.

Ich habe schon des öfteren gesagt: Solange du nicht in der inneren Freude bist und die Freude des Seins wirklich atmest, mit jeder Pore deines Leibes ganz erlebst und fühlst, solange hängst du noch in der Illusion fest. Ich rede aber nicht von dieser äußeren Freude, die du nur hast, wenn es dir gut geht, wenn du zum Beispiel mit einer schönen Frau im Bett liegst oder dich in einer herrlichen Landschaft befindest oder wenn du ein gutes Essen vor dir stehen hast und sagst: «Ach, wie herrlich, jetzt bin ich gut drauf, phantastisch, was ist die Welt doch so schön.» *Nein!* Egal wo du bist, wo es auch sei. *Überall!* Und das bedeutet, daß diese Freude *nicht machbar* ist.

Wenn du all das, was du meinst, was wichtig ist, und all das, was du meinst, was du seist und was zu dir gehört, losläßt, dann ist die Freude da. Dieses Loslassen ist jedoch kein willentliches Loslassen, denn wenn du es losläßt, wird es schon wieder zu einem Tun: Du willst es loslassen und hältst dich an diesem Loslassen fest – und schon *hält dich* das Loslassen fest. Laß alles, wie es ist, dann ist die Freude, die sich dahinter befindet, da.

Laß alles, was es auch sei, wie es ist. Stülpe nicht deine moralischen Vorstellungen, deine begrifflichen Fixierungen, deine Verhaltensmuster, diese ganzen Konditionierungen auf das drauf, was du wahrnimmst, sondern überlaß alles seinem natürlichen Fluß. Fließe einfach mit! Du gehst durch die Stadt, und es kommt eine schöne Frau an dir vorbei, die dir zulächelt. Es ist gut. Es kommt ein Besoffener an dir vorbei, der dich anlabert und beschimpft. Es ist gut. Alles ist gut, so wie es ist, denn alles ist das eine Meer des Seins. Die eine Welle ist ein bißchen runder, die andere ein bißchen gezackter, die eine hat mehr Schaumkronen obendrauf, die andere hat vielleicht mehr Wasserblasen. Aber alles ist das eine Meer. Alles ist vollkommen.

Sei eins mit dem Tao, fixiere nicht, benenne nicht, beurteile nicht. Verweile im ursprünglichen Zustand des Geistes. Sei wach! Hör auf zu träumen! Und dies heißt *tathata* (So-Sein). Und genau aus diesem Grund ist der Buddha der *Tathagata,* der «So-Seiende», der vollkommen Erwachte.

Wach sein heißt frei sein von allen Konditionierungen. Du wirst nicht frei von den Dingen, sondern du wirst frei von deiner falschen Betrachtungsweise der Dinge. Solange du dich noch bemühst, frei von den Dingen zu werden, frei von den Anhaftungen an die Dinge, drehst du dich nur im Kreis wie ein Hund mit gestutztem Schwanz, der versucht, sich in den Schwanzstummel zu beißen. Er dreht sich und dreht sich, ohne Erfolg.

Nun, ihr könnt es nicht machen. Zen ist ein radikaler Einschnitt in euer ganzes spirituelles Leben, das heißt in das, was ihr als spirituelles Leben bezeichnet, denn es ist noch gar kein wirkliches spirituelles Leben. Aber im landläufigen Sinn wird es als spirituelles Leben bezeichnet. Ihr bemüht euch in dieser Form und jener Form, durch Meditation, Schriftstudium und so weiter. Das ist alles gut, wunderbar. Zen aber zerschlägt mit dem Schwert der Erkenntnis den Gordischen Knoten eurer geistigen Verwirrung; das ganze Wahnsinnsgebilde fällt auseinander, und die unendliche Weite des Einen Geistes strahlt auf.

Nun, das ist es, wodurch sich Zen von allem unterscheidet. Zen geht nicht her und beschneidet oben die kleinen Blättlein von einem Baum, weil der Baum stört, und noch ein Blättlein und noch ein Blättlein. Und da ist noch eins und noch eins und dann die kleinen Zweiglein und so weiter bis unten hin. Bevor man unten angelangt ist, ist oben alles schon wieder nachgewachsen; und du fängst wieder von vorn an. Dies ist nicht der Weg des Zen. Zen nimmt das Schwert der Erkenntnis und schlägt den ganzen Baum mit einem Hieb ab. Zack! Unten an den Wurzeln wird das ganze Wahngebilde abgehauen. Das ist es.

Das ist der wahre Weg, auf den es ankommt, und deshalb ist es der einzige Weg, den ich euch anbiete. Der Weg der totalen Befreiung. Mit den Worten Huang-pos: «Der Geist ist von strahlender Klarheit erfüllt, darum werft die Dunkelheit eurer alten Begriffe fort. Befreit euch von allem!» Jetzt werdet ihr vielleicht einwenden: Wo soll ich denn da anfangen mit dieser totalen Befreiung? Vielleicht fang ich erst einmal mit dem Auto an. Na ja, eigentlich brauche ich ja nicht so ein großes Auto zu fahren, ein kleineres tut es bestimmt auch. Und dann laßt ihr dieses und jenes folgen. Aber das ist genau dieses falsche Prinzip, von dem ich eben gesprochen habe.

Das ist genau so ein Unterfangen, als ob ihr jetzt den Baum beseitigen wolltet, indem ihr oben zu schneiden anfangt, bei den allerobersten Blättchen. Ihr könnt euer ganzes Problem nur loswerden, indem ihr euch selbst loswerdet, das heißt, der auslösende Faktor muß beseitigt werden. Und der auslösende Faktor ist das «Ego», die Folgeerscheinung der drei *Kleshas*, der drei Grundirrtümer: *Gier, Haß* und *Verblendung*, das heißt: Begehren, Aggression und Nichtwissen. In ihrem Zusammenwirken bilden die drei *Kleshas* dann den Wahn einer für sich bestehenden Persönlichkeit. Aber dies ist alles nur ein Gaukelspiel ohne jede Wirklichkeit.

Wie lange wollt ihr es noch spielen, dieses Spiel? Warum nicht aufwachen? *Jetzt!* In diesem Augenblick ist die Gelegenheit. Es gibt keine andere, und es gibt keine bessere als *Jetzt!* Warum warten? Warum sagen: Heute hat der Meister wieder gut gesprochen, und ich bin der Sache schon ein bißchen näher gekommen, manches leuchtet mir besser ein, und irgendwann ... *Nix irgendwann!* Es gibt kein Irgendwann. Es gibt nur ein *Jetzt!* Und sonst gibt es gar nichts.

Darum: Dringe tief in es ein, in das *Wahre Sein* deines ursprünglichen Zustandes des Geistes. Dringe tief in es ein, indem du selbst dazu erwachst.

Einen anderen Weg gibt es nicht. Es gibt keinen anderen Weg, als daß ihr zu eurem Wahren Sein erwacht. *Werdet wach!* Hört auf, zu träumen und in dem Sandkasten eurer Konditionierungen herumzuspielen! Hört auf, die Dinge nur durch die Schablone eurer begrifflichen Fixierungen, eurer gesellschaftlichen und moralischen Vorstellungen zu betrachten und zu sagen, das ist gut, und das ist nicht gut, das ist richtig, und das ist falsch! Auf diese Weise werdet ihr nie ein Ende finden. Also – laßt alles, wie es ist!

Das ist eine große Aufforderung. Zen fordert dich dazu

auf, alles zu lassen, wie es ist. Und dazu brauchst du gar nichts zu tun. Dies ist nicht eine Sache des Tuns, sondern eine Sache des *Lassens.* Das ist es. Laß alles los, und die Wirklichkeit deines Wahren Wesens wird sich offenbaren. Denn das, was du in jedem Augenblick, ständig vor dir hast, ist der Eine grenzenlose Geist in all seiner Vollkommenheit. Es gibt nichts außer ihm. Dieser Geist, der ohne Anfang ist, ist ungeboren und unzerstörbar.

Alles, alle Lebewesen, alle Dinge, alles, was es auch sei, ist dieses Buddha-Wesen, in der Erscheinungsweise einer vielfältigen Welt. Denn alles ist der *Eine Geist.* Aber das Nicht-Wissen, eure geistige Verblendung, verursacht auf dieser soseienden Wirklichkeit des Einen Geistes Gedankenwellen. Und diese ganzen Wellen sind die unheimlich vielfältigen Formen einer scheinbaren äußeren Erscheinungswelt, die ihr für die Wirklichkeit haltet. Und so erkennt ihr gar nicht, daß die Welt, die ihr wahrnehmt, eure eigene Projektion ist, bedingt und gezeugt durch Gier, Haß und Verblendung.

Doch alles, was dir begegnet, ohne Ausnahme, ist in Wahrheit der Eine Geist in all seiner Vollkommenheit. Es gibt nichts außer ihm! Dies bezieht sich auf die schöne Frau, die an dir vorbeigeht und dich vielsagend anlächelt. Das bezieht sich auch auf den Betrunkenen, der an dir vorbeiläuft und dich anlabert und beschimpft. *Alles* ist die allumfassende Ganzheit des Göttlichen Seins in ihrer ganzen Vollkommenheit.

Und alles Unvollkommene, das du wahrnimmst, ist nichts anderes als deine eigene Projektion. Du projizierst deine Wertinhalte, stülpst sie auf das Wahrgenommene drauf und meinst, dies sei das Ding, was du wahrnimmst. Aber das ist es nicht. Alles, was du wahrnimmst, solange du im Traum des *Samsara,* im Traum der *Maya,* verweilst, ist deine eigene Projektion. Und das ist nur Schein und nicht Sein. Denn das Sein ist das, was sein Sein aus sich selbst hat – da gibt es keinen Anfang, und da gibt es kein Ende. Da gibt es weder Geburt noch Alter, Verzweiflung, Krankheit, Schmerz und Tod. Da gibt es nur das *Nicht-Aussagbare,* «MU!» und nichts weiter. Und alles andere, was es auch sei, ist deine eigene Projektion.

Das Nicht-Aussagbare ist dein ursprüngliches Angesicht vor deiner Geburt, es ist stets gegenwärtig. Auch wenn du alle Stufen der geistigen Entwicklung zur Erleuchtung hin durchschreitest – wenn du endlich in einem einzigen Augenblick die vollkommene Verwirklichung erreichst, wirst du nur das ursprüngliche Selbst erfahren, das alle Zeit bei dir war.

Wenn ich hier von den vielen Stufen einer Entwicklung spreche, die man eine nach der anderen zur Erleuchtung hin durchschreitet, dann ist das eine sehr begriffliche, verstandesmäßige Definition und dem Zen total entgegengesetzt. Im Zen gibt es *kein* stufenweises Fortschreiten zur Erleuchtung. Das sind alles nur Hirngespinste. Es gibt kein stufenweises Erwachen. Es gibt nur ein radikales Hier-und-Jetzt-sich-Lösen und Sich-Einlassen auf den ursprünglichen Zustand des Geistes.

Wenn du die vollkommene Verwirklichung erreichst, dann wirst du nur dieses allgegenwärtige Buddha-Wesen erfahren, das all die Zeit, ohne Unterbrechung, bei dir war. Das, was stets Grundlage deiner Erfahrung war – der Wahrnehmende hinter allen Erfahrungen –, war stets bei dir, doch du warst nicht bei dir selbst. Wie Meister Eckhart sagt: «Gott ist drin, doch ihr seid draußen.»

Du wirst in dieser Dimension des Bewußtseins, in dieser hellklaren Bewußtheit, erkennen, daß all das, was du vorher erreicht hast auf deinem ganzen geistigen Weg, nur eine Anhäufung war von *leeren Hüllen*. Du hast mit leeren Hüllen gespielt, aber das Wesentliche selbst, das hast du nicht erfahren, du bist der Sache nicht näher gekommen.

Du kannst tun, was du willst; du kannst alle Philosophien studieren und dich noch soviel auseinandersetzen mit Zen-Schriften, Koans und Mondos. Du kannst sämtliche heiligen Schriften studieren und auswendig im Kopf haben und sämtliche Kommentare dazu kennen. In dem Augenblick, wenn du erwachst, wirst du erfahren, daß dies alles nichts weiter ist als *Spreu,* ohne jeden weiteren Wert.

Dies alles ist nur leerer Schein und hat mit der Sache selbst, mit der Wirklichkeit, so wie sie ist, nicht das geringste zu tun. Überhaupt nichts!

Also, warum noch weiterhin zögern? Warum dieses ständige Kommen und Gehen, so daß ich euch jedesmal, wenn ihr kommt, immer wieder fragen muß: «Wer hat denn heute schon wieder diesen Leichnam für dich hierher geschleppt?» Diese ganze tote Ansammlung von Erinnerungsgeflechten, Verhaltensmustern, Denkmodellen, Moralkodexen, gesellschaftlichen Normen und so weiter und so fort. Laß dies alles los, und laß die Wirklichkeit, die stets gegenwärtig ist, aufstrahlen, auf daß sie mit ihrem Göttlichen Licht das ganze Universum erleuchtet.

8

Jenseits aller Worte

MU MU MU MU MU
MU MU MU MU MU
MU MU MU MU MU
MU MU MU MU MU
(Zen-Meister Mumon, 13. Jh.)

Dieses Gedicht, im Versmaß von fünf Schriftzeichen, stammt von dem chinesischen Zen-Meister Mumon aus dem 13. Jahrhundert. Es ist ein wundervolles Zengedicht von ungeheurer Aussage. Zen-Meister Mumon hätte ja auch nur einmal MU sagen können. Daß er dieses MU jetzt aufschrieb im Versmaß von fünf Schriftzeichen, ist alles andere als ein zenistischer Witz. Seine Absicht war, es uns ganz fest mit dem glühenden Siegel des Buddha-Geistes in das Herz hineinzubrennen. MU! MU! Absolut tot sein! Ein alter Zen-Meister sagte: «Stirb, und sei ganz tot, und dann tu, was immer du willst, alles ist gut.»

Von Zen-Meister Mumon gibt es noch ein anderes herrliches Zengedicht, das die Totalität seiner Erleuchtungserfahrung auf wundervolle Weise zum Ausdruck bringt:

Ein Donnerschlag bei klarem blauen Himmel!
Alle Wesen auf Erden
haben ihre Augen geöffnet.
Alles unter der Sonne
hat sich sogleich verneigt.

Der Berg Sumeru
springt auf und tanzt.

Ein Donnerschlag bei klarem blauen Himmel!

Der klare blaue Himmel ist der klare leere Zustand des Geistes. Wenn der Geist leer ist, ohne Gedanken und Begriffe, dann offenbart sich euer Wahres Angesicht vor eurer Geburt. Der Donnerschlag bei klarem blauen Himmel ist der Donner der Stille, der das ganze Universum erschüttert. Euer Auge der Erleuchtung ist mit einem Schlag geöffnet, und ihr seht die Wirklichkeit, so wie sie ist.

Der Berg Sumeru springt auf und tanzt.

«He?» Der Berg Sumeru tanzt? Was heißt das? Die Buddhisten sagen, der Berg Sumeru ist die Mitte, das Zentrum des Universums. Und ich sage euch, dieses Zentrum ist zugleich die Mitte des Seins und somit das allumfassende Ganze, das alles in sich beschlossen hält. Der Berg Sumeru ist alles, er ist das Ganze.

Alter, Verzweiflung, Krankheit, Schmerz und Tod, Kommen und Gehen, Vielheit und Einheit, alles, der ganze Traum eines Seins und eines Nicht-Seins, all dies löst sich auf, und der Berg Sumeru springt auf und ... (der Meister erhebt sich von seinem Sitz und tanzt.)

Warum mache ich das jetzt? Weil ich der Berg Sumeru bin. Und ihr seid der Berg Sumeru! Es gibt keinen anderen Berg Sumeru. Wir sind der Berg Sumeru, denn es existiert nichts anderes als das Wahre Selbst. In dem Augenblick, wenn ihr erwacht, gibt es nichts anderes mehr, außer diesem ursprünglichen Angesicht vor der Geburt.

Alle Wesen auf Erden haben ihre Augen geöffnet. Alles unter der Sonne hat sich sogleich verneigt.

Dies ist die Entsprechung der Offenbarung dessen, was im Bodhisattva-Gelöbnis in den buddhistischen Klöstern täglich rezitiert wird: «Ich gelobe, meine Befreiung so lange zurückzustellen, bis alle Lebewesen befreit sind.» Da halten sich viele dran fest und meinen, das ist wahres Bodhisattva-Bewußtsein, so muß es sein, und verstehen es wörtlich. Dies ist jedoch eine sehr materialistische Vorstellung. Denn wenn man die evolutionäre Entwicklung aller Mikro-Organismen, dieser kleinsten Lebewesen, noch abwarten müßte, bis sie zu menschlichen Wesen herangereift und schließlich befreit sind, dann ist die ganze Sache nichts weiter als ein Wunschtraum. Auf diese Weise bleibt man auf ewig im Kreislauf von Geburt und Tod gefangen, in diesem Traum einer vielheitlichen Welt. Und so wird man niemals erwachen und Befreiung erlangen.

Aber «das Ganze ist größer als die Summe seiner Teile» – wie Pythagoras sagt. Alles ist das Eine, und das Eine ist alles. Und dies bedeutet, wie es im *Lankavatara-Sutra* heißt: «Buddha liebt alle Lebewesen, weil es keine Lebewesen gibt.»

Jetzt kommen wir wieder zurück auf die Erleuchtungs-Gata des Zen-Meisters Mumon:

Alle Wesen auf Erden haben ihre Augen geöffnet. Alles unter der Sonne hat sich sogleich verneigt.

«Alle Wesen auf Erden haben ihre Augen geöffnet», sie haben sie geöffnet, wenn dein Auge offen ist. Meister Eckhart sagt deshalb: «Das Auge, in dem ich Gott sehe, und das Auge, in dem Gott mich sieht, das ist ein Auge. Es ist *ein* Sehen, *ein* Erkennen und *ein* Lieben!» Da gibt es keine anderen Augen mehr, kein anderes Sehen, da gibt es nur noch *ein* Sehen. Alle Wesen auf Erden haben ihre Augen geöffnet – *alle sind befreit.* Der Sehende, das Sehen und das Gesehene sind eins. Ich bin du, und du bist ich. Wer mich sieht, sieht uns. In unserem Selbst umfangen wir das All.

«Alles unter der Sonne hat sich sogleich verneigt.» Alles ist das Eine, und das Eine ist alles. Es gibt keine Vielheit und somit kein Kommen und kein Gehen, keine Vergangenheit, keine Gegenwart und keine Zukunft. Nichts! Es gibt nur eine unendliche, allumfassende, grenzenlose Freude des Seins, das ein Sein solcher Art ist, daß es ein *überseiendes Göttliches Nicht-Sein* ist, jenseits jeglicher Möglichkeit einer begrifflichen Benennung.

Dieses ist das ursprüngliche Angesicht vor eurer Geburt. Alles, was ich darüber aussagen könnte, würde das Wesentliche verfehlen. Und Jetzt! ... (Der Meister hebt seinen Stock hoch und schweigt.) (...) Habt ihr es gehört? (...) Das eben war das *Wahre Wort.* «Der Donner der Stille!» Könntet ihr es hören, wirklich hören, dieses Wort, das sich im Grunde eures Seins spricht, in der absoluten Mitte des Hier und Jetzt – könnte ich schweigen.

In einem alten chinesischen Kloster der Tang-Dynastie waren die Mönche verzweifelt. Schon seit vielen Wochen wurde kein Dharma-Vortrag mehr gehalten. Der Meister hüllt sich in Schweigen. Und die Mönche palavern, sind aufgeregt, rennen hin und her. Schließlich versammeln sich die Mönchsältesten und suchen gemeinsam das Zimmer des alten Meisters auf. «Meister, die Mönche sind alle beunruhigt im Kloster.» – «Warum? Was liegt an?» – «Weil ihr keinen Vortrag mehr haltet. Man möchte gern wieder mal eine Belehrung haben, einen richtigen Dharma-Vortrag.» – «Wenn's weiter nichts ist. Läutet die große Glocke! Sie sollen sich alle einfinden in der Dharma-Halle.»

Die große Glocke wird geläutet, und es ist ein Rufen und ein Rennen, alles stürmt in die Dharma-Halle. Erwartungsvoll harrt man auf den gewissen Augenblick, in dem der Meister die Dharma-Halle betritt. Endlich ist es soweit. Der Meister betritt die Halle, schreitet hinauf zum Dharma-Pult und sagt:

«Liebe Mönche, liebe Versammlung. Es gibt hochgelehrte

Philosophen, die viele dicke Bücher schreiben über den Buddhismus und über das Zen. Dann gibt es Kommentatoren, die zu diesen Schriften sehr lange Kommentare verfassen. Und dann gibt es sogenannte Lehrer, die diese Kommentare kommentieren. Ich aber, ich bin ein Zen-Meister und möchte euch bitten, dies zu berücksichtigen!»

Mit diesen Worten drehte sich der Meister herum und verließ die Halle.

Welch ein phantastischer Dharma-Vortrag! Großartig! Einen besseren Vortrag kann man gar nicht halten. Das letzte Mal sprachen wir über den chinesischen Zen-Meister Huang-po. Einst ging die Kunde durch das Land, dieser Großmeister wolle einen großen Dharma-Vortrag halten und alle Mönche der benachbarten Klöster seien eingeladen. Von überall her kamen sie, mit Booten, mit dem Floß, auf Eseln, zu Pferd und zu Fuß. Natürlich, viele sind auf Kühen und Ochsen geritten. Wichtig zu bemerken! Eine unerläßliche Feststellung! Auf Kühen geritten. Irgendwann werdet ihr vielleicht erfahren, warum ich so besonderen Wert auf die Kühe lege. Wer das versteht, den Bezug der Kuh zum Zen, der ... Aber wir wollen bei der Sache bleiben. Immer wenn es um die Kuhologie geht, besteht die Gefahr, daß ich abschweife.

Also, die Kunde ging durch das Land, und sie kamen von überall her. Die Dharma-Halle faßte kaum diese große Anzahl von Zuhörern.

Jetzt der große Augenblick. Die Glocke wird geläutet, der Meister tritt vor das Rednerpult und spricht:

«Der Besitz vieler Arten von Kenntnissen läßt sich nicht mit dem Aufgeben der Suche nach irgend etwas vergleichen! Dies ist das Beste aller Dinge! Es gibt nicht verschiedene Arten von Geist, und es gibt keine Lehre, die in Worte gefaßt werden kann. Da nichts weiter zu sagen ist, ist die Versammlung geschlossen!»

Nach diesen Worten stieg er vom Rednerpodest herab und verließ die Dharma-Halle.

Also, meine lieben Freunde. Alles, was ich darüber aussagen könnte, würde das Wesentliche verfehlen. Und da nichts weiter zu sagen ist, ist auch unsere heutige Versammlung hiermit geschlossen.

9

Vergiß dich selbst

Heute habe ich euch überhaupt nichts Besonderes zu sagen. Nicht ein Wort. Denn wenn ich auch nur *ein* Wort sage, besteht die Gefahr, daß ihr euch daran festhaltet. Ihr schaut das Wort an, ihr definiert es und setzt es in bezug zu euren vorausgegangenen Erfahrungen. Auf diese Weise filtert ihr es durch den Filter eurer alten Konditionierungen, eurer Verhaltensmuster und Denkmodelle, das heißt durch das ganze Erinnerungsgeflecht einer toten Vergangenheit, womit ihr euch identifiziert. Was dann zum Schluß dabei herauskommt, hat mit der Sache selbst, mit dem, was ich sagte, nichts mehr zu tun. Und so ist es besser, daß ich schweige.

(Kurzes Schweigen)

Und doch sage ich ein Wort, trotz dieser Gefahr. Ich sage irgendein Wort – zum Beispiel: «MU!» MU heißt im Zen: *Nichts.* Und schon haltet ihr euch am Nichts fest.

Jedes Wort bewirkt, daß sich eure Gedanken erheben. Und «wenn die Gedanken sich erheben, erheben sich alle Dinge», wie Huang-po sagt. Er sagt aber auch: «Wenn die Gedanken schwinden, schwinden alle Dinge.» Ein Wort, ein Gedanke, und es erheben sich alle Probleme und somit eine Vielzahl von Gefühlen; und wenn die Gefühle sich erheben, geht die Weisheit ein. Auf diese Weise erzeugt ihr eure dualistische Welt der Vielfalt. Und so bewegt ihr euch in einer Welt der Freude oder in einer Welt des Leidens, in einer Welt des Streites oder in einer Welt des Friedens, je nachdem, was ihr selbst erzeugt. Um dies näher zu veranschaulichen, möchte ich euch eine kleine Geschichte erzählen, und zwar eine, die wirklich stattgefunden hat. Die Begegnung zwischen dem japanischen Zen-Meister Hakuin (18. Jh.) und einem Samurai:

Ein Samurai, schwer bewaffnet bis an die Zähne, so wie sie damals in Japan herumliefen, kam zu Zen-Meister Hakuin und sagte: «Meister, ich möchte euch eine Frage stellen.» – «Gut», sagt Meister Hakuin, «leg los!» Und der Samurai sagt: «Ich hätte gern gewußt, gibt es wirklich so etwas wie ein Paradies oder eine Hölle?» Hakuin schaut den Samurai abschätzend von oben bis unten an, verzieht das Gesicht und sagt: «Wer bist du denn überhaupt, daß du einfach hierherkommst und mir so eine Frage stellst?» – «Das seht ihr doch. Ich bin ein Samurai der kaiserlichen Garde!» – «Hah», sagt Hakuin, «unmöglich! Wenn ich dich so betrachte, so eine jämmerliche Gestalt würde unser Kaiser doch niemals als Samurai einstellen.» – «Was sagst du da?» schreit der Samurai (denn es gab damals nichts Schlimmeres, als einen Samurai zu beleidigen). Und er greift zum Schwert, reißt es heraus und stürmt, es hoch über dem Kopf haltend, auf Hakuin ein. Hakuin hebt die Hand, lächelt und sagt mit ruhiger Stimme: «Soeben hat sich das Tor zur Hölle geöffnet.» Der Samurai hält ein, stutzt, nimmt das Schwert herunter und steckt es langsam in die Scheide. Dann verbeugt er sich tief vor dem Meister. Und Hakuin sagt: «Und jetzt hat sich das Tor zum Paradies geöffnet.»

Seht ihr, so ist der Sachverhalt, dies ist die Situation, in der ihr euch befindet, in eurer selbstgeschaffenen Welt von Hölle und Paradies. Ihr erlebt es immer wieder: Ihr fühlt euch wohl, ihr seid zufrieden, und es fehlt euch nicht das geringste. Plötzlich taucht ohne ersichtlichen Grund eine Erinnerung auf, von der ihr euch nicht mehr lösen könnt. Es entstehen Gedankenassoziationen, die eine Folge von Gefühlsimpulsen bewirken, und schon seid ihr depressiv oder voller Aggression. Ihr seid in eurer selbstgeschaffenen Hölle. Aber äußerlich hat sich gar nichts verändert, es geschieht alles nur in euch selbst. Ihr selbst projiziert diese Welt.

Huang-po sagt: «Das wahre Buddha-Wesen ist geheimnisvoll friedvolle Freude und nichts weiter.» Und dies ist eure *Wahre Natur.* Im *Viveka-Chudamani,* dem Kleinod der Unterscheidung des Shankara, der im 9. Jahrhundert in Indien lebte, heißt es: «Du bist Brahman, reines Bewußtsein, der Zuschauer aller Erfahrungen! Dein Wahres Wesen ist Freude!» Und in den *Upanishaden,* den heiligen Schriften des Hinduismus, lesen wir: «Brahman, die Göttliche Wirklichkeit, ist *Sat-Chit-Ananda*» – absolutes Sein, absolutes Bewußtsein, absolute Glückseligkeit.

Sein, Bewußtsein, Glückseligkeit (Freude), das ist euer Wahres Sein. Alles andere sind Überdeckungen, das heißt eure eigenen Wahnvorstellungen als projizierte Wünsche und Ängste. Da liegt zum Beispiel ein Seil auf dem Waldweg. Ihr kommt abends des Wegs, und im Mondenschein vermeint ihr eine Schlange zu sehen. Eure Angst projiziert auf das am Boden liegende Seil eine Schlange. Auf diese Weise projizieren die *Samskaras,* eure karmischen Triebkräfte, ständig immer wieder diese Wahnvorstellung einer äußeren Erscheinungswelt mit einer Vielfalt von Erscheinungen und Ereignissen. Doch das ist alles nur eure eigene Projektion, denn in Wirklichkeit existiert nichts anderes als die Wirklichkeit des *Einen Geistes.* Diese Wirklichkeit ist stets gegenwärtig, und somit ist sie das absolute *Jetzt!!!* (Der Meister schlägt die Klanghölzer zusammen.)

(Kurzes Schweigen)

Wie ihr eben gehört habt, ist dieses *Jetzt* auch ein *Hier!* Dieser Schlag, wenn ich die beiden Hölzer zusammenschlage, der ist nicht da und ist nicht dort. In dem Augenblick, wenn der Knall ertönt, kannst du nicht da und nicht dort sein. Das ist es. Das ist der «Donnerschlag bei klarem blauen Himmel», wie Zen-Meister Mumon sagt. Es ist der Donner der Stille!, das Schwert des Manjushri, das mit einem Schlag den Wirrwarr eurer Wahnvorstellungen zerschlägt.

All das, was euch eure Probleme bereitet, hat mit einer negativen Außenwelt, mit der Unvollkommenheit der Welt, nicht das geringste zu tun. Alles, was euch geschieht, alles, was euch begegnet, habt ihr selbst verursacht, es sind eure eigenen Projektionen und nichts weiter. Und darin unterscheidet sich die Erfahrung einer dreidimensionalen Welt, wie ihr sie täglich erlebt, durch nichts, aber auch durch gar nichts von jener Erfahrung einer Welt, wie ihr sie des Nachts im Traum habt. Alles, was ihr erlebt in diesem «Weltentraum», diese ganze Kulisse, diese Landschaft, diese Lebewesen, diese ganzen Probleme, Freud und Leid, Kommen und Gehen, Geburt und Tod, alles, was es auch sei, alles projiziert ihr selbst.

Hier und Jetzt! Das ist die Wirklichkeit, das Wahre Angesicht vor eurer Geburt, euer Wahres Sein, die Wirklichkeit des *Einen Geistes.* Dieser Eine Geist ist jedoch der *Nicht-Geist!* Nicht-Geist bedeutet *wahrer, leerer Geist.* Der wahre, leere Geist liegt jenseits des Denkens, und dies ist nichts anderes als *Sunyata,* Leere!

Im *Mahaprajnaparamita-Hridaya-Sutra,* dem Herz-Sutra von der Vollkommenheit der Erkenntnis, das täglich in den Zen-Klöstern rezitiert wird, heißt es: «Form ist Leere, und Leere ist Form.» Form, das heißt jedes Ding, das ihr wahrnehmt. Alles, ob rund, ob eckig, ob groß, ob klein, ob bunt, ob schwarz oder weiß, alles was Inhalt eurer Erfahrung werden kann, ist leer. Leer bedeutet ohne Eigensubstanz, es hat aus sich selbst heraus kein Eigensein.

Dies bezieht sich demzufolge auch auf die sechs Sinne: Sehen, Hören, Riechen, Tasten, Schmecken und Denken. All dies ist *leer.* Und wenn dies alles leer ist, dann ist das, was aus dem Zusammenwirken dieses Sinnenspiels hervorgeht, nichts weiter als ein Gaukelspiel ohne jede Wirklichkeit. Wenn das Bedingende keine Wirklichkeit hat, hat das Bedingte, das Bewirkte, genausowenig Wirklichkeit.

Also, das Problem eures Gefangenseins in einer dreidimensionalen Welt kann niemals gelöst werden durch das Aufknüpfen irgendwelcher einzelner kleiner Knötchen an dem Gordischen Knoten eurer geistigen Verwirrung, den ihr schon seit vielen Inkarnationen so mühevoll zusammengeknüpft habt. Da gibt es nur eine einzige Lösung, und die ist, mit dem *Schwert des Manjushri,* des Bodhisattvas der Weisheit, diesen Gordischen Knoten mit einem Schlag auseinanderzuschlagen. Ein Hieb – und eure hunderttausend Probleme und Unpäßlichkeiten, eure ganzen Wahnvorstellungen fallen auseinander. Niemand ist mehr da, der leidet, und niemand, der Leiden verursacht. Denn wenn niemand Leiden verursacht, dann ist auch niemand da, der leidet. Wenn du niemanden projizierst, der dich angreift, der auf dich einstürmt und dich bedroht, brauchst du auch keinen Feind bekämpfen.

Wir kennen ja alle Don Quichotte, diese etwas verstaubte adelige Gestalt, die sich plötzlich berufen fühlt, als edler Ritter in die Welt zu ziehen, um sie von allem Bösen zu befreien. Er reitet los, und überall sieht er Feinde. Da sind zum Beispiel die Windmühlen; er reitet mit der Lanze darauf los, weil er glaubt, es seien böse Riesen. Und er kämpft gegen sie, bis er zum Schluß halb tot und mit zerfetzten Kleidern am Boden liegt.

Ihr kämpft ständig gegen eure eigenen Projektionen. So wie ihr im Traum gegen eure selbstprojizierten Traumbilder kämpft oder davor flieht, so ist es auch im *Samsara,* dem Kreislauf von Geburt und Tod. Diese ganze äußere Welt, die ihr erlebt, hat keine Wirklichkeit aus sich selbst, sondern sie ist nur eure eigene Projektion. *Samsara* ist eine kreisförmige Bewegung, der Kreislauf von Geburt, Alter, Verzweiflung, Krankheit, Schmerz und Tod. Aus dem Grund spricht man im Buddhismus auch vom *Bhava-Chakra,* dem Lebensrad. In der buddhistischen Ikonographie sehen wir dieses Lebensrad des *Pratitya-Samutpada,* des abhängigen Entstehens. In der Mitte des Rades befinden sich als Nabe die drei *Kleshas:* Gier, Haß und Verblendung. Es sind die «drei Grundübel», die Antriebskräfte für diesen ganzen Hokuspokus, den das menschliche Bewußtsein erzeugt. Sie werden dargestellt durch einen Hahn, eine Schlange und ein Schwein. Der Hahn entspricht der Gier, die Schlange dem Haß und das Schwein, das mit seiner Schnauze im Schlamm herumwühlt, dem Nicht-Wissen.

Durch das Nicht-Wissen projiziert ihr alle möglichen Vorstellungen, auf die ihr dann mit Annehmen und Ablehnung reagiert. Sowie sich etwas euren selbstprojizierten Objekten des Begehrens in den Weg stellt, reagiert ihr auf diesen Störfaktor mit Aggression. Auf diese Weise verwandelt sich die Gier in Haß, bedingt durch die geistige Verblendung (Nicht-Wissen). Und so bewegt sich dieses Lebensrad des *Bhava-Chakra* durch die Antriebskraft der drei *Kleshas* immer weiter.

Ihr könnt aus dieser Situation nicht herauskommen, indem ihr meint, einzelne Probleme lösen zu können. Indem ihr vielleicht glaubt, durch die Mittel der Psychotherapie die Vergangenheit zu untersuchen und an Hand der Ergebnisse Aufschluß über eure gegenwärtige Situation zu erlangen. Alles, was da analysiert wird, ist Traumereignis, und der Prozeß des Analysierens ebenso.

Es gibt keinen anderen Weg der Befreiung, als herauszusterben aus diesem selbstgezimmerten Kerker einer Egoverpanzerung. «Stirb, ehe du stirbst, damit du nicht verdirbst, wenn du stirbst», sagt der christliche Mystiker Angelus Silesius (17. Jh.). Und der islamische Mystiker Al Ghazali sagte im 12. Jahrhundert: «In die Nacht mußt du dich stürzen, in die tiefste deines Nichts, wenn dir tagen soll ein Morgen in dem Glanz des höchsten Lichts.» Dies ist der Weg zur Befreiung. Heraussterben, das heißt *aufwachen* aus dem egogezeugten Traum des *Samsara*. Werdet ganz zu Nichts – MU! – und ihr seid wach. Dies ist das Überschreiten von Leben und Tod und somit das Übersteigen jeglicher Dualität, von jedem Annehmen und Verwerfen, richtig oder falsch. Sterbt und seid ganz tot, und dann tut, was immer ihr wollt, alles ist gut.

«Dein Wahres Wesen ist geheimnisvoll friedvolle Freude und nichts anderes», sagt Huang-po. Phantastisch, wunderbar! Was gibt es da zu wehklagen? Was gibt es da zu jammern? Was gibt es da zu suchen? Wem oder was jagt ihr nach, ihr Traumtänzer? Jetzt, in dieser Stille zwischen den Worten dieses Vortrags, wenn du nichts projizierst, kannst du es wahrnehmen, dein *Wahres Göttliches Selbst,* das mit seinem Licht das ganze Universum erleuchtet. *Vergiß dich selbst! Jetzt!* In diesem Augenblick! Und die Erleuchtung ist da.

Da ihr aber so an eure Traumprojektion gewöhnt seid, ist es leider soweit mit euch gekommen, daß ihr dieses Erwachen zu eurem Wahren Sein schon gar nicht mehr für möglich haltet. Ihr kommt hierher und hört euch an, was ich hier so sage, und denkt: «Schön wär's ja, wenn ich es erfahren würde.» Doch ihr vergeßt dabei ganz, daß ich hier nichts anderes tue, als nur ständig einen großen Spiegel in den Raum zu halten, der die Wirklichkeit eures Selbstseins widerspiegelt.

Ich laß mich niemals auf eure Ego-Spiele ein, auch wenn ihr immer wieder versucht, mich in euer Traumgespinst hineinzubekommen. Doch euch zuliebe gehe ich manchmal zum

Schein mit hinein in euren Traum, und wenn wir so schön zusammen träumen, schreie ich plötzlich: «HO!!!» (Der Meister schlägt mit dem Stock auf das Seitenpodest.) Und dies ist dann die große Gelegenheit für euch, aus dem Traum aufzuwachen. Denn ihr seid in dem Traum drin und seid darin gefangen. Doch ich spiele nur mit in eurem Traum, aber ich bin nicht in dem Traum. Und ich sage euch noch etwas: Ich bin als Meister überhaupt nicht vorhanden! Der Meister, den ihr wahrnehmt, ist nichts anderes als die Widerspiegelung eures *Wahren Selbst.* Es ist die Göttliche Gnade, die sich euch als «Licht in der Finsternis», durch den Schleier der *Maya* hindurch, zeigt.

Wäret ihr nicht aus dem Zustand eures ursprünglichen Seins herausgegangen, sondern bei euch selbst geblieben, dann wäre es nicht so weit gekommen mit euch, daß ihr heute zu mir kommt und darauf hofft, daß ich euch die Wahrheit offenbare. Und die Wahrheit ist: Heute ist der 23. und morgen ist der 24. und gestern war der 22. Dies hat keine Bedeutung, und deshalb sage ich: «HO!!!» Wieder eine große Gelegenheit! Meine lieben Freunde, ich meine es wirklich sehr gut mit euch. Besser als ihr es mit euch selbst meinen könnt. Denn ich laß mich nicht täuschen von euren ganzen Identifikationen, von all dem, wofür ihr euch selbst haltet. Ich schaue euch direkt ins Herz und sehe den wahren Buddha, den vollkommen Erwachten. *Tat Tvam Asi.* Das bist du selbst. Du bist ich, und ich bin du, in unserem Selbst umfangen wir das All. Wer mich sieht, sieht uns. Alles ist das Eine, es gibt keine Vielheit.

Vergeßt niemals, daß alle äußeren und inneren Schwierigkeiten, die ihr täglich habt, eure eigenen Projektionen sind ohne jede Wirklichkeit! Ich gebe euch den Rat: Bleibt immer bei euch selbst. Wenn ihr bei euch selbst bleibt, im Gewahrsein des Geistes, was soll euch gefährden, da es keine Vielheit gibt? Und wer soll euch gefährden oder schaden, da es keine voneinander getrennten Lebewesen gibt? Darum heißt es im

Lankavatara-Sutra: «Buddha liebt alle Lebewesen, weil es keine Lebewesen gibt.» Es gibt wirklich nur das eine allumfassende, organische Ganze, dieses *Eine* und sonst nichts.

Nehmt das Schwert des *Manjushri* und zerschlagt alles! *Befreit euch von allem!* Sei es Buddha, sei es Christus, seien es eure Eltern, eure Kinder, sei es die ganze Welt, was es auch sei: Nehmt das Schwert der Erkenntnis und tötet alles – und der Traum eines *Samsara,* eines Kreislaufs von Geburt und Tod, ist vorbei. Ihr wacht auf, und das Licht des Einen Geistes strahlt auf, und ihr erfahrt *in einem Nun,* daß alles so ist, wie es ist – *tathata,* «So-Sein».

Solange das Universum besteht, hat sich noch nicht ein einziges Staubkorn bewegt. «MU!!!»

10

Sei jetzt hier

Der Eine Geist allein ist Buddha, und es gibt keinen Unterschied zwischen Buddha und den Lebewesen.

(Zen-Meister Huang-po, 9. Jh.)

«Der Eine Geist allein ist Buddha.» Der Eine Geist und die Wirklichkeit eures Selbstgeistes ist *ein und dieselbe Wirklichkeit.* Nur die wenigsten Menschen glauben daran, daß ihr eigener Geist Buddha – das Absolute – ist. Die meisten Zen-Schüler nehmen dies nicht ernst und leben deshalb in Fesseln und unter Zwängen. Doch wenn ihr leer und im mühelosen Gewahrsein des Geistes seid, dann seid ihr in der natürlichen Klarheit und erlangt das allumfassende Bewußtsein. Dies ist der Zustand der Nicht-Unterscheidung.

Das einzige, was Unterscheidung schafft, das ist dieser Wirbel von Gedanken, Vorstellungen und Begriffen, von Gefühlen und Konditionierungen in Form von Verhaltensmustern und Denkmodellen. Dies alles bildet einen dichten Film um das Zentrum eures Selbstgeistes. Diese Wahnvorstellungen verdichten sich zur Illusion von Form, Raum und Zeit, so daß ihr meint, das wäre eure Persönlichkeit und das wäre die Welt, die ihr erlebt. So schwebt ihr umher wie Seifenblasen und glaubt, das sei euer wirkliches Sein.

Ihr könnt so viel analysieren, wie ihr wollt. Ihr könnt noch so viel die Seifenblasenstruktur, die Oberflächenspannung und das schöne Fließen der Farben analysieren. Ihr könnt

Therapien machen, ihr könnt Philosophien studieren ... gut, das könnt ihr alles machen, aber es geschieht letztlich nichts an der Substanz der Seifenblase – *gar nichts!*

Und deshalb (Der Meister schlägt mit dem Stock auf das Seitenpodest!!!): «Stirb, und sei ganz tot, und dann tu, was immer du willst, alles ist gut.» Die Seifenblase platzt, wenn du im großen Vertrauen auf das Göttliche den Mut hast, alles sein zu lassen, wie es ist, und dich im mystischen Tod dem Abgrund des Göttlichen Nichts zu überantworten. In diesem Augenblick wird die Seifenblase platzen, und du wirst dich in der grenzenlosen Weite des Geistes – *deinem Wahren, ungeborenen und unsterblichen Wesen* – erfahren. Und du wirst mit dem Glanz dieses Göttlichen Lichtes, das du *selbst* bist, das ganze Universum durchstrahlen und erfüllen.

Deshalb gebe ich euch den Rat: *«Laßt euch nur ein auf das Jetzt!»* Befreit euch von allem! Seid *jetzt* in *diesem* Augenblick wirklich hier, ohne Gedanken, ohne Begriffe und ohne Vorstellungen! Befreit euch von euren Konditionierungen! Haftet nicht an der Vergangenheit und nicht an der Zukunft! Macht keine Unterscheidung zwischen Erleuchtung und Nicht-Erleuchtung und zwischen Leben und Tod! Sterbt ganz hinein in diesen Augenblick. Dies ist der Weg des direkten, augenblicklichen Erfassens der Wirklichkeit, so wie sie ist.

Seid ohne Gedanken! Denn wenn die Gedanken sich erheben, erheben sich alle Dinge und somit alle Probleme; doch wenn die Gedanken schwinden, schwinden alle Probleme. Also – *keine Gedanken und keine Begriffe!* Seid einfach so wie ihr seid – natürlich und spontan. Doch sagt nicht: «So, jetzt bin ich ganz entspannt im Hier und Jetzt», denn in dem Augenblick seid ihr schon wieder fixiert, habt ihr schon wieder ein Ziel.

Mushotoku! «Ohne Ziel und Streben nach Gewinn!» heißt es im Zen. Laßt euch ganz auf den gegenwärtigen Augenblick ein. Hier, Jetzt! – Und haltet nichts fest. Haltet euch auch nicht an der Stille fest, so daß euch irgendwelche Geräusche von außen stören! Hört ihr einen Ton – dann seid ganz der Ton. Werdet selbst zum Geräusch eines vorbeifahrenden Autos, werdet zum Gesang des Vogels und zum Bellen des Hundes. Was es auch sei, alles ist das Eine. Der Wahrnehmende, der Wahrnehmungsprozeß und das Wahrgenommene, alles ist eine einzige Wirklichkeit.

Doch da könnte bei dem einen oder anderen die Furcht hochkommen, so daß er sagt: «Wenn ich so radikal alles hinter mir lasse und mich ganz auf das Jetzt einlasse, wer weiß, was da alles passieren kann? Da kann es vielleicht geschehen, daß ich plötzlich eine solche Bewußtseinsveränderung – eine Bewußtseinsleere – erlebe, die mich in einen gähnenden Abgrund hineinzieht, daß ich in solch eine Leere hineinfalle, aus der ich vielleicht nie mehr zurückkomme.»

Doch da sagt der chinesische Zen-Meister Po-chan (17. Jh.): «Die Menschen sollten sich nicht so viele Gedanken darüber machen, wie sie aus diesem Zustand des mystischen Todes wieder herauskommen, sondern sich ausschließlich darum kümmern, wie sie in diese Verfassung hineinkommen!» Nur *darum* geht es! Denn in dem Augenblick, wenn du losläßt, dann gibt es weder Raum noch Zeit, weder Leben noch Tod.

Ein alter Zenspruch lautet: «Mutig loslassen am Rande der Klippe. Wirf dich selbst in den Abgrund, voll Entschlossenheit und Vertrauen. Erst nach dem Tod beginnen wir zu leben. Das allein ist die Wahrheit.»

Was gibt es noch zu fürchten für den Wassertropfen, wenn er hineinfällt in den großen Ozean und sich darin auflöst, so daß er sich selbst als der unendliche Ozean erfährt? Die Angst, die ihr vor der Leere habt, resultiert nur daher, daß ihr nicht wißt, daß euer eigener Geist die Leere ist.

Das Problem ist nur die Angst, die ihr habt vor der Angst! Und das ist ein Gefühl. «Wo Gefühle entstehen, geht die Weisheit ein», sagt Lin-chi. Doch die *Weisheit* ist die Realität eures Selbst-Seins, ist das absolute *Hier,* das absolute *Jetzt!* Das Jetzt ist der Anfang und das Ende. Wir denken an den Kreis, das *Sunyata*-Zeichen, das im Zen als Symbol für die Leerheit steht. Da gibt es keinen Anfang, und da gibt es kein Ende, kein Davor und kein Danach.

Meister Eckhart sagt: «Nur eins tut not: Abgeschiedenheit!» Abgeschieden sein von allen Dingen. Sterbt hinein in den Großen Tod, und ich garantiere euch, dieser Große Tod offenbart sich als das *Große Leben,* als die *Große Freude,* die aufrauscht, und ihr seid befreit von allem, und nichts gibt es mehr zu erreichen.

11

Das ewige Tao

Das aussagbare Tao ist nicht das ewige Tao.
Der nennbare Name ist nicht der ewige Name.
Das Namenlose ist der Anfang von Himmel und Erde.
Das Namen-Habende ist die Mutter der abertausend Wesen.
Darum: Beständiges Nichtbegehren schaut das Geheimste.
Beständiges Begehren schaut nur Begrenztheit.
(Lao-tse, 6. Jh. v. Chr.)

Das aussagbare Tao ist nicht das ewige Tao.

Alles, was wir darüber aussagen könnten, würde das Wesentliche verfehlen. Lao-tse sagt an einer anderen Stelle des Tao-Te-King: «Es hat keinen Namen, aber in Ermangelung eines Namens nenne ich es Tao.» Was heißt Tao? Tao ist das Absolute! Tao hat aber auch die Bedeutung von Weg; Weg, jedoch nicht nur in der Form des Weges, den man geht, wie die meisten glauben, sondern Weg als die Wirklichkeit, die man selbst werden muß. Das chinesische Schriftzeichen für Tao ist sehr alt, es stellt einen Weg dar und einen Fuß, das heißt, es ist der Weg, den man geht. Im Zen heißt es aber auch: *«Der Weg und das Ziel sind eins.»* Das bedeutet: Das Tao als der Weg, den ihr geht, und das Tao als die Wirklichkeit, die ihr in eurem Wahren Wesen seid, sind nicht zwei, sondern *eins.*

Ihr müßt selbst zum Weg werden, selbst zum Tao werden. Dann erfahrt ihr das Tao als die Wirklichkeit des allumfassenden, organischen Ganzen. Es ist jenes Ganze, das sich durch die vermeintliche Vielheit einer scheinbaren, äußeren Erscheinungswelt als euer Wahres Ursprüngliches Sein offenbart.

Das aussagbare Tao ist nicht das ewige Tao.
Der nennbare Name ist nicht der ewige Name.

Denn alles, was aussagbar ist, gehört zu den Dingen der Existenz und Nicht-Existenz, zu den Kategorien des Seins und des Nicht-Seins. Und «wer über Sein oder Nicht-Sein nachsinnt, verliert Leib und Leben», heißt es im Zen. Dies sind alles nur leere Begriffe, doch das Ewige liegt dahinter und erleuchtet mit seinem Licht das ganze Universum. Es ist das, was immer ist, war und sein wird. Doch das «aussagbare» Tao, das aussagbare Absolute (abstrakt gesprochen), ist immer nur ein Schatten, eine willkürliche, begriffliche Benennung. Sage ich Gott, sage ich Buddha, Christus oder das Absolute, was es auch sei, alles verfehlt das Wesentliche und hat mit der Sache nichts zu tun. Alle Bemühungen, das Tao in begriffliche Formen zwängen zu wollen, kommen dem Versuch gleich, den Himmel mit einem Netz einfangen zu wollen. Tao ist unfaßbar und undefinierbar, denn definieren bedeutet Grenzen setzen. Die Wirklichkeit liegt direkt vor euch. Doch jede Definition ist wie ein Pfeil, der das Ziel verfehlt.

Das Namenlose ist der Anfang von Himmel und Erde.

Der Anfang von Himmel und Erde ist aber nicht der Beginn irgendeiner Zeitreihe. Er ist nicht der Anfang einer noch so langen, irgendwann beginnenden Aufeinanderfolge von Ereignissen und Geschehnissen, was wir dann Weltgeschichte oder Geschichte des Universums nennen. Es gibt weder Raum noch Zeit, weder Vielheit noch einen Ablauf von Bewegungen, denn alles ist ein Zugleich, ohne Anfang und Ende.

Es gibt keinen Anfang! Es ist alles nur eine Fehlwahrnehmung des unterscheidenden, begrifflichen Denkens. Das Namenlose ist das *Anfanglose,* und dies ist der Anfang von Himmel und Erde. Und das Anfanglose ist auch das Endlose, deshalb sagt Christus: «Ich bin das A und das O!» Das heißt: Ich bin der Anfang und das Ende. Ich bin die *Ewigkeit.*

Das Namen-Habende ist die Mutter der abertausend Wesen.

Die Bewußtwerdung des Geistes in Richtung auf das Dasein führt zum Erkennen einer räumlich ausgebreiteten Welt der Individuation. In dem Augenblick, wenn die begriffliche Fixierung entsteht, und sei es auch nur der leiseste Ansatz eines ersten Impulses, ist die Eingrenzung da, so wie eure Wahrnehmung begrenzt ist, wenn ihr durch einen Strohhalm hindurchschaut. Dies ist die dualistische Betrachtungsweise, durch die sich die Wirklichkeit des allumfassenden, organischen Ganzen – die grenzenlose Weite des Einen Geistes – verengt zum mikrokosmischen Teilaspekt des kosmischen Geistes. Eine Bewußtseinsverengung zum Pseudo-Sein eines Ego.

Da aber alles der *Eine Geist* ist, neben dem nichts anderes existiert, ist das Namen-Habende mit dem Namenlosen identisch im Wesen, doch verschieden in der Erscheinung. Das Namen-Habende ist die begriffliche Fixierung, und so ist es die Mutter der abertausend Wesen, und alle Dinge treten ins Dasein; das heißt, die Illusion der Vielheit erhebt sich. Darum sagt Lao-tse:

Beständiges Begehren schaut nur Begrenztheit.

Das Begehren ist das Habenwollen, das Ergreifen- und Festhaltenwollen, bedingt durch das *Nicht-Wissen.* Denn wo Nicht-Wissen ist, sind auch Gier und Haß. Deshalb sind *Gier, Haß* und *Nicht-Wissen* die drei Grundübel, aus denen heraus sich der *Samsara,* der Kreislauf von Geburt, Alter, Verzweiflung, Krankheit, Schmerz und Tod, erhebt. Diese Grundlagenbedingung ist die Wurzel allen Übels.

Ständiges Begehren schaut nur Begrenztheit, denn das Begehren *setzt* Grenzen. Dies geschieht aus dem Nicht-Wissen heraus und schafft neues Nicht-Wissen, und der Schleier der *Maya,* der Illusion einer vielheitlichen äußeren Erscheinungswelt, verdichtet sich immer mehr. In diesem Netz von Gier, Haß und Verblendung seid ihr dann gefangen. Je mehr ihr versucht zu entrinnen, wird jeder Versuch der Befreiung zu einem Sich-noch-mehr-Fesseln und Hineinmanövrieren in diesen armseligen, bedauernswerten Zustand einer Bewußtseinsverengung.

Das ist die Begrenztheit! Ständiges Begehren schaut nur Begrenztheit. Jetzt sage ich etwas, was falsch ausgelegt werden kann: Dieses Begehren, das heißt der innere Antrieb des Begehrens, ist aber auch zugleich – und das ist ein ganz wichtiger Punkt – der unbewußte Impuls in jedem Wesen zum Göttlichen hin.

Jeder Mensch sucht und weiß nicht, was er sucht. Darum sagt Augustinus: «Unruhig ist unser Herz, bis es ruht in dir, o Gott!» Ihr sucht und hetzt in geistiger Rastlosigkeit umher und sucht und sucht und wißt nicht, was ihr sucht. Ihr erkennt nicht, daß das, was ihr sucht, eigentlich der allerinnerste Antrieb eures Suchens selbst ist. Es ist euer Wahres Sein, das überlagert ist von der Wahnvorstellung eines Ego mit seiner erlebten Welt. Dieses wird projiziert durch Gier, Haß und Verblendung, welche die Wirklichkeit eures Ursprünglichen Seins überdecken.

So ist jedes Begehren, das heißt jedes Suchen im Äußeren, eigentlich eine Fehlinterpretation dessen, was ihr wirklich sucht. Ihr sucht im Äußeren etwas, was nur im Inneren zu finden ist. Das Herz ist unruhig, doch das Herz ruht in Gott, wenn es erkennt, daß Gott in ihm ruht.

Im Innersten des Herzens leuchtet das Klare Licht des Geistes. Doch beständiges Begehren schaut nur nach außen und schafft nur Begrenztheit. Durch Begehren fesselt ihr euch selbst in eurer selbst gezeugten Begrenztheit. Auf diese Weise erzeugt ihr die Illusion einer unabhängigen, für sich bestehenden Individualität, welche nichts anderes ist als Begrenztheit.

Jetzt kommt der vorausgehende Satz des Lao-tse. Wir haben zuerst den zweiten kommentiert, um den ersten besser zu verstehen.

Beständiges Nichtbegehren schaut das Geheimste.

«Beständiges Nichtbegehren», das ist das Loslassen, aber nicht das Loslassen in der Form eines Tuns, sondern das Loslassen in Form des Geschehenlassens. Meister Eckhart sagt: *«Gott wirkt, und ich werde.»* Doch daß Gott in uns wirkt, setzt voraus, daß wir nicht wirken. Solange wir noch selbst wirken und mit Hilfe des begrifflichen Denkens das Geheimnis des Seins verstehen wollen, solange wirkt Gott nicht! Er sagt: «Gut, phantastisch, ist ja großartig, wie weise du bist mit deinem ganzen Wissen und Handeln. Du glaubst es selbst machen zu können, gut, dann mach es. Ich will dir nicht im Weg stehen.»

«Beständiges Nichtbegehren schaut das Geheimste.» Wenn ihr nicht begehrt, sondern im Nicht-Wollen verweilt und die Dinge laßt, wie sie sind, dann begrenzt ihr auch nichts, ihr fixiert nichts, und ihr habt auch keine fixierte Wahrnehmung. Das heißt: Ihr schaut die Welt nicht mehr durch die Schablone der dualistischen Betrachtungsweise der Bejahung und Verneinung an. Ihr werdet frei von euren alten, gewohnten Verhaltensmustern und Denkmodellen. Ihr werdet frei von euren alten Erinnerungen einer toten Vergangenheit und euren Ängsten in bezug auf die Zukunft, und alles ist gut, so wie es ist. «Jeder Tag ist ein guter Tag», heißt es im Zen. Auf diese Weise geht ihr durch alle Wechselfälle des Lebens hindurch, ohne euch mit Gedanken über richtig oder falsch der Situation aufzuhalten.

Es geht nur darum, daß ihr den Mut habt loszulassen und nicht ungeduldig werdet, wenn nicht sofort etwas eintritt, etwas Großartiges, eine wunderbare Vision, wenn nicht ein Göttliches Licht aufstrahlt und ihr durchflutet werdet von der grenzenlosen Weisheit. Solange ihr noch in dieser Spannungshaltung seid, indem ihr versucht loszulassen in Hinsicht auf ein Ziel hin, macht ihr euch nur etwas vor. Wenn ihr sagt «Ja, ich habe alles losgelassen, ich bin total im Nicht-Tun und im Nicht-Denken, und ich erwarte auch nichts», aber insgeheim darauf lauert, daß doch irgend etwas geschieht, dann habt ihr nicht wirklich losgelassen.

Es muß ein Loslassen sein in Form eines Hineinsterbens. Alles muß zu nichts werden, alles muß MU sein, *Nichts!* – absolut nichts. Werdet zu nichts, und ihr werdet euer Wahres Angesicht vor eurer Geburt erfahren.

12

Liebe und Hingabe

Auf Wunsch einiger Schüler möchte ich heute über Liebe und Hingabe sprechen.

Es gibt zwei Arten von Liebe: die Liebe in der Form des *Habens* und die Liebe in der Form des *Seins*. Die Liebe in der Form des *Habens* ist die Liebe, die sich äußert in einer kurzen Gefühlsregung, in einem Impuls. Ich will es euch anhand eines Beispiels veranschaulichen. Ihr geht über eine Wiese und seht plötzlich eine schöne Blume stehen. Ihr pflückt die Blume ab und nehmt sie mit nach Hause, denn ihr seid verliebt in diese Blume. Zu Hause steckt ihr sie in eine Blumenvase und zwei, drei Tage später werft ihr sie in den Dreckeimer. Das ist die Liebe in der Form des Habens. In Wahrheit ist dies jedoch überhaupt keine Liebe, sondern vielmehr das als Liebe fehlinterpretierte Begehren des Ego. Ihr seht ein Objekt, ihr begehrt es und möchtet das Objekt des Begehrens ergreifen, das heißt: *haben*.

Nicht so ist es mit der Liebe in der Form des *Seins* – der *reinen* Liebe. Die reine Liebe ist die Liebe in der Form der allumfassenden Ganzheit. Sie bleibt nicht am Gefühlsimpuls hängen. Es ist die Liebe, die nicht ergreifen und besitzen will, sondern ganz im Gegenteil – *sich hingibt,* so wie eine Motte, wenn sie das offene Feuer sieht, hineinfliegt. Sie stirbt hinein in das Objekt der Liebe. Liebe ist *Eins-Sein*. Liebe ist Nicht-Dualität. Liebe kennt kein Getrenntsein. Das ist die wahre Göttliche Liebe, so wie Meister Eckhart sagt: «Das Auge, in dem ich Gott sehe, und das Auge, in dem Gott mich sieht, das ist ein Auge, ein Sehen, ein Erkennen und ein Lieben.» Da ist jegliche Dualität aufgehoben.

Die Liebe ist das allumfassende, organische Ganze, das alles in sich beschlossen hält. Doch da, wo der Mensch in seiner Ego-Zentrierung aus dem Ganzen, aus der universellen Ganzheit, heraustritt, indem er sich besonders hervorhebt und wichtig nimmt, tritt er auch aus der Liebe heraus. Denn Dualität, das heißt Geteiltheit, ist Getrenntheit, und Getrenntheit entsteht durch Gier, Haß und Verblendung; wir können auch sagen durch Begehren, Aggression und Nicht-Wissen.

Die Liebe gibt sich hin, und dies ist auch das grundlegende Moment der ganzen Passion Christi. Es ist die Liebe von Gott zu Mensch und von Mensch zu Gott. Die Göttliche Liebe, die sich radikal ganz hingibt, offenbart sich in der menschlichen Liebe zum Göttlichen, wo Menschliches und Göttliches als Eins erfahren wird. Da ist kein Ego, und da ist kein Eigenwollen. Darum sagt Christus im Garten Getsemani: «Vater, wenn du willst, nimm diesen Kelch von mir. Aber nicht mein, sondern *dein* Wille geschehe!»

Diese Hingabe findet ihren Höhepunkt in der radikalen Selbstentäußerung des Menschen Jesu am Kreuz. Und so ist die Haltung des Gekreuzigten die Haltung der totalen Hingabe des Menschen an Gott, des Kreatürlichen an das Göttliche. Zugleich ist es die allumfassende Liebe des Göttlichen, die mit ausgebreiteten Armen das ganze All umfängt. Hier am Kreuz vereint sich die menschliche mit der Göttlichen Liebe. Und diese Liebe ist radikal und konsequent. «Stirb, ehe du stirbst, damit du nicht verdirbst, wenn du stirbst!» sagt Silesius. Dies ist der *mystische Tod,* der sich in der Passion Christi am Kreuz vollendet.

In dieser Situation am Kreuz hören wir dann das Wort, das Jesus ausruft und das viele christliche Gemüter schon verwirrt hat: «Eli, Eli, lema sabachtani?» Das heißt: «Mein Gott, mein Gott, warum hast du mich verlassen?» Die meisten Theologen legen es so aus, daß hier Jesus in seiner Menschlichkeit und Hilflosigkeit am Kreuz hängt. In der Stunde der Not fühlte er sich von Gott, auf den er vertraute, verlassen, so daß er in Verzweiflung und Todesangst ausruft: «Mein Gott, mein Gott, warum hast du mich verlassen?»

Aber die mystische Bedeutung, die Wahrheit, die hinter diesen Worten steht, ist eine ganz andere. Denn wenn Jesus am Kreuz ausruft: «Mein Gott, mein Gott, warum hast du mich verlassen?», dann ist das etwas anderes, als wenn er sagen würde: «Oh je, oh je, jetzt häng ich hier am Kreuz, mit durchbohrten Händen und Füßen. Ich habe auf eine höhere Macht vertraut, die es wahrscheinlich gar nicht gibt. Alles war umsonst, ich bin einem Betrug aufgesessen.»

Nein, das sagt er nicht. Sondern er wendet sich vielmehr direkt an die Göttliche Wirklichkeit, indem er sie anspricht und sagt: «Mein Gott, mein Gott, warum hast du mich verlassen?» Nur jemand, der von der Existenz der Göttlichen Wirklichkeit überzeugt ist, wird sie in dieser Art ansprechen. Niemand würde das Wort an jemanden richten, dessen Existenz er anzweifelt. Und Jesus erst recht nicht. Die Worte des sterbenden Jesu am Kreuz: «... warum hast du mich verlassen?», sind zwar der Schrei der Verlassenheit, aber es sind nicht die Worte des Zweifels an der Existenz der Göttlichen Wirklichkeit. Denn in dem Augenblick, wo Jesus ausruft: «Mein Gott, mein Gott, warum hast du mich verlassen?», unterstreicht er zugleich seinen *unumstößlichen Glauben* an den, von dem er sich verlassen fühlt.

Im Augenblick des mystischen Sterbens, dem Prozeß des Sich-Loslösens von Raum und Zeit, befindet ihr euch in der dunklen Nacht des Geistes und der Sinne. Ihr habt das eine (die Welt) nicht mehr und das andere (das Absolute) noch nicht, und dies ist ein gewisser geistiger Vakuumzustand. In dieser Situation des Verlassenseins bedarf es des großen Vertrauens in das Absolute.

Dieses «Warum hast du mich verlassen?» ist ein Koan für die Menschheit. Es ist ein Aufruf zur Nachfolge. So wie Jesus zu einem Jünger sagt: «Komm und folge mir nach!» – «Jaa, so schnell geht das nicht», sagt der Jünger, «denn mein Vater ist gestorben, und den muß ich erst beerdigen.» Und Jesus antwortet: «Ich sage dir, laß die Toten ihre Toten begraben, und folge mir nach!» Folge mir nach! (Der Meister schlägt die Klanghölzer aufeinander.) *Jetzt!!!* Und nicht irgendwann, nicht morgen und nicht übermorgen, denn es gibt nur ein Jetzt. Das Morgen und das Übermorgen ist nur ein Gedanke, ist nur ein leerer Begriff, so wie die anderen abertausend leeren Begriffe, die ihr alle im Kopf habt.

Befreit euch von allem! Radikal! Laßt alles hinter euch! Dies ist die dunkle Nacht des Geistes und der Sinne, wie die christlichen Mystiker sagen. Hier ist das große Vertrauen in Gott unerläßlich. Dies zeigt uns auch die Situation am Kreuz. In der Heiligen Schrift lesen wir: «Es kam eine Finsternis über das ganze Land und Jesus rief: *‹Vater, ich lege meinen Geist in deine Hände.›* Dann neigte er das Haupt zur Seite und hauchte seinen Geist aus. In diesem Augenblick erbebte die Erde, und der Vorhang im Tempel riß von oben bis unten entzwei und gab das Allerheiligste frei.»

Dies ist nicht nur ein geschichtlicher Bericht über irgendein äußeres Ereignis, sondern alles, was die Schrift aussagt, betrifft den Reifeprozeß der Seele. Das dürft ihr nicht vergessen. In dem Augenblick, in dem ihr euch dem Absoluten hingebt und hineinsterbt in den Großen Tod, kommt die große Finsternis. Alles löst sich auf, eure ganzen Konditionierungen, eure ganzen festgefressenen Begriffe und Wertvorstellungen. Der Vorhang im Tempel, als der *Schleier der Maya,* der Illusion von Raum und Zeit, von Alter, Verzweiflung, Krankheit, Schmerz und Tod, reißt entzwei. Alles löst sich auf und gibt das Allerheiligste frei. Dieses Allerheiligste ist euer *Wahres Angesicht* vor eurer Geburt, die aus sich selbst seiende Wirklichkeit, die ihr von jeher ward und immer sein werdet.

Der Tempel seid ihr selbst. «Wißt ihr nicht, daß ihr der Tempel des Heiligen Geistes seid?» sagt Paulus. Aus dem Grund, schmeißt alles heraus aus dem Tempel, all diese Konditionierungen und toten Begriffe, all diese Programmierungen und Parolen, die ihr euch selbst eingetrichtert habt und die euch eingetrichtert wurden im Laufe eures ganzen Lebens. Schmeißt dies alles raus! Weg damit! So wie Jesus in den Tempel geht, die Tische umschmeißt, die Geldwechsler und Taubenverkäufer hinausjagt und ruft: «Hinaus mit euch! Ihr habt aus dem Hause meines Vaters eine Räuberhöhle gemacht. Hinweg mit euch!» Und dann ist es still im Tempel.

Erst wenn es still ist im Grunde der Seele, offenbart sich das Göttliche WORT, das sich in der Höhle des Herzens selbst spricht. Doch solange die Seele fremde Gäste hat, solange noch irgend etwas in euch ist, in Form von Annehmen und Verwerfen, richtig und falsch und dies und das und jenes, könnt ihr das WORT nicht hören. Denn dieses WORT ist die Göttliche Wirklichkeit, von der die *Upanishaden* sagen, es ist «das Eine ohne Zweites». Und da es «das Eine ohne Zweites» ist, duldet es nichts neben sich. Solange im Grunde der Seele noch irgend etwas ist – und sei es nur der Bruchteil eines Staubkorns –, seid ihr noch himmelweit von der Göttlichen Wirklichkeit entfernt.

Diese Konsequenz der Selbstentäußerung und Selbsthingabe an den Göttlichen Abgrund, der sich als die Fülle des Göttlichen Seins offenbart, ist die Radikalität der Göttlichen Liebe in ihrer Ganzheit. Und deshalb sagt Johannes: «Gott ist die Liebe, und wer in der Liebe bleibt, der bleibt in Gott und Gott in ihm.» Gott ist die Liebe – das allumfassende Ganze. Und wer in dieser Liebe bleibt, in diesem Ganzen, in dieser

Nicht-Dualität, in diesem Nichtgetrenntsein, der bleibt in der Göttlichen Wirklichkeit. Aber sowie ihr irgend etwas herausnehmt und glaubt, das gehöre nicht dazu, es gehöre nicht zu der totalen Harmonie des Göttlichen Seins, tretet ihr auch aus der Liebe heraus. Ihr verliert die Liebe.

Yin und Yang, Leben und Tod, schön und häßlich, gut und böse, alles ist die organische Ganzheit des Seins. Die Verbindung, das heißt das gegenseitige Sich-Bedingen-und-Durchdringen von Yin und Yang, ist das Wirken des Tao. Das Tao fließt wie das Wasser. Und wenn ihr euch gegen nichts stellt, was es auch sei, seid ihr im Fluß mit dem Ganzen – im Einklang mit dem Tao. Und so steht ihr in der großen Göttlichen Liebe. «Diese Liebe ist stark wie der Tod!» Denn ebenso wie der Tod euch von allem wegreißt und alles zunichte macht, ist es auch mit der Liebe. Wer in der großen Göttlichen Liebe steht, für den wird alles zu dieser Göttlichen Liebe, oder mit den Worten Meister Eckharts: «... für den wird alles zu lauter Gott...» Er sieht nur noch das Göttliche, er sieht nur noch die Göttliche Wirklichkeit, wo er geht, wo er steht, überall!

Wenn ihr in dieser Liebe steht, in dieser *Göttlichen Liebe,* von der Johannes spricht, dann seid ihr jenseits von Leben und Tod. Denn alles ist das *Eine.* Das ganze Universum, Kommen, Gehen, Geburt und Tod – das ganze Leben, alles, was es auch sei, ist die Fülle des Göttlichen Seins. Und wenn ihr *in* und *aus* dieser Fülle des Göttlichen Seins lebt, dann seid ihr frei von Besorgnis und Furcht.

Der Tod ist dann nicht mehr irgend etwas, was irgendwann einmal eintreten wird und euch aus irgendeiner angenehmen Seinsverfassung herausreißt, so daß ihr hineinfallt in ein leeres, dunkles Nichts. Vielmehr offenbart er nur die andere Seite des Seins – die Wirklichkeit eurer geburt-, und todlosen Selbstnatur. Yin und Yang sind keine Gegensätze, sondern *Ergänzungen* – Polaritäten. Denn alles ist das Eine, und das Eine ist das allumfassende Ganze, das alles in sich beschlossen hält.

Also, bleibt nicht hängen im Annehmen und Verwerfen, sondern laßt alles so, wie es ist. Überantwortet euch der Göttlichen Liebe, habt das Große Vertrauen, und alles ist gut.

13

Der Finger ist nicht der Mond

Jede Religion, jede Philosophie ist nur ein Hilfsmittel, «ein Finger, der zum Mond zeigt», wie es im *Lankavatara-Sutra* heißt. Es ist die Reuse, mit der wir den Fisch fangen. Ist der Fisch gefangen, brauchen wir die Reuse nicht mehr.

Ihr macht viele Umstände um all die verschiedenen Wege und Methoden, um etwas zu erreichen, was ihr niemals erlangen könnt. Deshalb sagt Zen-Meister Huang-po: «Daß es nichts zu erreichen gibt, sind keine leeren Worte, sondern die höchste Wahrheit.» Ihr sucht etwas, was ihr niemals finden könnt, weil ihr es nie verloren habt. Es ist so wie in dem alten indischen Gleichnis von dem Mann, der ein Stirnband mit einer Perle trägt und plötzlich glaubt, er hätte diese Perle verloren. Er läuft von Ort zu Ort, von Stadt zu Stadt, von Land zu Land, bis er irgendwann in einen Spiegel schaut und erkennt: Das, was er suchte, war stets da – er hatte es nie verloren. Es ist nur eine Sache des *Erkennens*, nicht eine Sache des Erlangens.

Schaut hin, laßt alles, wie es ist, hört auf herumzurennen wie aufgescheuchte Hühner und seht die Dinge so, wie sie sind! Wenn ihr alles laßt, wie es ist, dann bedeutet das, daß ihr über die Dinge nicht mehr eine Schablone der begrifflichen

Fixierung stülpt, die Schablone eurer alten Vorstellungsmodelle. Es bedeutet, daß ihr nicht mehr die Situationen und Dinge verzerrt durch irgendwelche Erinnerungsvorstellungen, das heißt Gedächtnisinhalte einer toten Vergangenheit, und meint, das so Projizierte sei das Ding an sich.

Es ist so, als ob ihr nachts im Mondlicht ein Seil am Wegrand liegen seht und im Zustand der Angst die Vorstellung einer Schlange darauf projiziert. Erschrocken weicht ihr zurück und rennt davon. Doch wenn ihr am nächsten Tag, wenn die Sonne scheint, wieder an derselben Stelle vorbeikommt, seht ihr: Es war nur ein Seil. Das Sonnenlicht der klaren Erkenntnis offenbart euch die Wahrheit, so daß ihr die Dinge seht, wie sie sind. Da wird nichts darüberprojiziert, und alles ist klar, und alles ist gut. «Jeder Tag, ein guter Tag», heißt es im Zen. Jede Situation ist eine herrliche, phantastische Situation, weil jede Situation die Offenbarung der Göttlichen Wirklichkeit ist.

Aber ein Gedanke des Ergreifens, und schon seid ihr in der Gier, und ein Gedanke der Ablehnung, und schon seid ihr voller Wut und Haß. Und darum sage ich euch immer wieder: Die wahre Geisteshaltung ist die der inneren Gleichmut, das heißt, daß ihr, in euch selbst ruhend, euch mitten in der Welt einer vermeintlichen Vielheit bewegt und die Dinge laßt, wie sie sind. Das bedeutet: Es ist falsch, die Welt begrifflich zu fixieren und einzuordnen in gut oder nicht gut. Es ist falsch, wenn man meint, die Welt sei eine Behinderung auf dem «geistigen Weg». Es ist falsch, wenn man glaubt, die Welt sei nur ein Jagen nach materiellem Besitz, Ruhm, Ehre und Erfolg und man müsse sie deshalb meiden. Das ist eine Perspektive, aber eine Perspektive ist nur eine Betrachtungsweise unter Ausschluß der anderen Betrachtungsweisen, und das bedeutet: Es ist das Schauen durch den Strohhalm der Bewußtseinsverengung. Die gigantische Weite des Geistes der *so-seienden Wirklichkeit* verengt sich so zum mikro-kosmischen Teilaspekt – zur Betrachtungsweise des Ego.

Die Welt, das heißt jede Situation, in der ihr euch befindet im Leben, ist weder gut noch schlecht, weder richtig noch falsch. Ihr selbst in eurer konditionierten Betrachtungsweise projiziert alle möglichen Vorstellungen auf das Geschaute, das heißt auf alles, was euch begegnet. Auf diese Weise projiziert ihr eure alten, abgetragenen Erinnerungen, eure alten, toten Gedächtnisinhalte auf die Situation drauf und reagiert in der gewohnten Weise mit Zuneigung oder Abneigung, in dem guten Glauben, daß die Dinge so sind, wie ihr sie wahrnehmt. Nehmen wir folgendes Beispiel: Ihr seht eine junge Frau, schön und rein wie eine Blume; doch ihr projiziert in eurer Geilheit alle möglichen sexuellen Wunschvorstellungen darauf und seht nichts weiter als ein Sexualobjekt. Das ist aber nicht die Welt, wie sie ist. Das ist nicht das So-Sein, sondern das seid ihr selbst in eurem Ich-Wahn.

Das Ego projiziert und erschafft seine eigene Welt. Doch diese Welt des Ego ist nichts anderes als ein ständiges Kommen und Gehen von Wünschen und Ängsten, das heißt von Vorstellungen und Gefühlen, und somit ein Kreislauf von Geburt und Tod – *Samsara* genannt. Der Kreislauf von Geburt und Tod ist nichts anderes als eine psychische Projektion des Bewußtseins. Die Wirklichkeit, so wie sie ist, erkennt ihr erst, wenn ihr aus diesen gewohnheitsmäßigen Fehlinterpretationen und der daraus folgenden Fehlwahrnehmung aufwacht. Dann seid ihr der *Tathagata,* der So-Seiende, der die Dinge so sieht, wie sie sind.

Doch um dahin zu gelangen, bedarf es der geistigen Führung von seiten eines erleuchteten Meisters. Wenn ihr aber anfangt, einen Meister zu suchen, dann begegnet ihr in diesem riesigen Irrwald des spirituellen Angebotes unserer Zeit Tausenden und Abertausenden von selbst- oder fremdernannten Meistern. Es sind diese Pseudo-Gurus, die nur das nachplappern, was sie von anderen gehört oder gelesen haben. Doch nur derjenige, der zum ursprünglichen Zustand seines Seins erwacht ist, ist ein wahrer Meister; nur er ist autorisiert zu lehren. Wer sich anmaßt, über Erleuchtung zu reden, ohne selbst erleuchtet zu sein, ist wie ein Blindgeborener, der versucht, Michelangelos Deckengemälde der Sixtinischen Kapelle zu beschreiben.

Jetzt wird vielleicht manch einer sagen: «Nun, wenn es nur so wenige wirkliche Meister gibt, dann sind ja die meisten Menschen verloren.» Doch wir sollten bedenken, daß es auch viele *Upayas* (Hilfsmittel) – wie die Buddhisten sagen – gibt. Das sind hinführende Lehren, die auch von hinführenden, unerleuchteten Lehrern gelehrt werden, die zumindest den Schüler so weit führen können, wie sie selbst gekommen sind. Doch dann muß der Schüler einen Lehrer finden, der weiter ist; so lange, bis er reif ist für einen *wirklichen* Meister. Aber die wenigsten sind wirklich reif für die Begegnung mit einem Meister.

Viele sind einem Meister begegnet und haben sich abgewandt, weil sie nicht erkannt haben, daß ein *wirklicher* Meister, ein *Erwachter,* vor ihnen steht. Das ist heute so, und das ist immer schon so gewesen, bis in die frühe Zeit von Christus und Buddha. Viele haben Buddha gesehen und haben sich abgewandt, haben seine phantastischen Darlegungen gehört und haben gesagt: «Was für ein Unsinn.» Viele haben Jesus gehört und haben gesagt: «Was ist denn das für ein Größenwahnsinniger, der sagt, er wäre Gottes Sohn? Der ist nicht ganz klar im Kopf. Das ist Gotteslästerung, das kann kein wahrer Meister sein.» Man muß reif sein für den Meister. Deshalb der Aufruf Meister Eckharts: «Freund, steig höher hinauf.» Und dann übersteigt man die «doppelzüngigen» Meister, wie sie im Zen genannt werden.

Nun kommen wir zum Ausgangspunkt unserer Betrachtung zurück. Alle philosophischen und religiösen Systeme sind nur Hilfsmittel und haben so wenig mit der Wirklichkeit zu tun wie der Finger mit dem Mond, auf den er weist. Alle gehirnakrobatischen Spekulationen haben mit der Wirklichkeit nichts zu tun. Gar nichts!

Was ist es dann? Was ist dann die Wahrheit? Eine logische Frage. Der Verstand denkt immer logisch, und die Antwort, die er findet, kann auch nur logisch sein. Doch schon allein dadurch, daß die Antwort logisch ist, ist sie falsch; denn alles begriffliche Denken ist eine irrtümliche Meinung, und so können wir uns die Mühe sparen. Alles, was begrifflich aussagbar ist, hat mit der Wirklichkeit, die namen- und formlos ist, nichts zu tun. Der Verstand denkt nur in Gegensatzpaaren und sagt: Wenn es nicht das eine ist, ist es das andere. Wenn es *Yang* nicht ist, muß es *Yin* sein, und wenn es *Yin* nicht ist, muß es *Yang* sein. Oder auch: Wenn es nicht die Bewegung ist, muß es natürlich die Ruhe sein. Aber es ist weder dies noch das. Deshalb sagt Buddha über das Absolute: «Man kann nicht sagen, daß es ist, und man kann nicht sagen, daß es nicht ist. Man kann nicht sagen, daß es ist und nicht ist, und man kann auch nicht sagen, daß es weder ist noch nicht ist.» Das ist die vierfache buddhistische Verneinung. Zen-Meister Mumon drückt es auf seine Weise aus. Er fegt alles weg, so daß nur noch das MU, «Nichts», übrigbleibt:

MU MU MU MU MU
MU MU MU MU MU
MU MU MU MU MU
MU MU MU MU MU

Nichts ist wirklich, nichts existiert, alles ist ein Traum ohne jede Wirklichkeit. Doch ihr haltet daran fest, daß hinter dem Nichts noch etwas ist – ein Wahrnehmender, ein Zuschauer hinter den Erfahrungen. Aber gerade durch euer *Festhalten* überblendet ihr diesen Beobachter hinter allen Erfahrungen, euer Wahres Selbst, ohne daß ihr es merkt. Ihr meint, das, was ihr nun wahrnehmt, sei das Wahre Selbst, aber es ist nur das Ego. Denn das Ego ist nicht ein Ding, eine Person, eine Wesenheit, sondern das Ego ist ein Ereignis, ein Prozeß. Es ist der Prozeß der Identifikation, der Anklammerung.

Darum wird er auch *Ahamkara* genannt, der Prozeß der Ego-Projektion, der Ego-Macher, der *Ich-Wahn.* Und da dem so ist, ist es auch unmöglich, dem Ego den Garaus zu machen.

Man spricht heutzutage viel von der Tötung des Ego, aber da kein Ego da ist, könnt ihr auch keins töten. Nur die *Wahnvorstellung* eines Ego, die könnt und sollt ihr töten. Und die könnt ihr nur töten, indem ihr den Prozeß der *Hervorbringung der Wahnidee* eines Ego beendet. Und was ist dieser Prozeß? Dieser Prozeß ist das ständige, immerwährende Annehmen und Verwerfen – das Unterscheiden. Das begann nach biblischer Tradition schon im Garten Eden. Gott sagte, daß der Mensch nicht vom Baum der Erkenntnis – der Unterscheidung von Gut und Böse – essen dürfe, sonst werde er aus dem Paradies vertrieben. Und so ist es ja auch gekommen. Darum sitzt ihr ja jetzt hier. Aber: Ihr seid immer noch im Paradies. Es ist gar nichts geschehen. Es hat sich nur der Schleier des Annehmens und Verwerfens über die reine Wahrnehmung des So-Seins gelegt, und ihr seht jetzt nur noch die Projektion eures Nicht-Wissens und sagt: «So ist die Welt.»

«Wenn die Gedanken sich erheben, erheben sich alle Dinge», sagt Huang-po, «und wenn die Gedanken schwinden, schwinden alle Dinge.» Wenn die Gedanken sich erheben, erheben sich alle Probleme, und wenn die Gedanken schwinden, schwinden alle Probleme. Stell dir vor, du hast irgendein Problem – irgendeins, was es auch sein mag. Stell dir vor, du würdest plötzlich, in dem Augenblick, wo du über dieses Problem nachdenkst, von einer Gewehrkugel ins Bein getroffen, und du hast jetzt die Kugel im Bein stecken. Denkst du dann noch an dein Problem?

Zen-Meister Pai-chang, der Meister von Huang-po, gibt uns ein wunderbares Rezept. Er sagt: «Wenn dein Geist sich bewegt, so folge ihm nicht, und er wird sich von der Bewegung loslösen. Und wenn dein Geist auf irgend etwas ruht, so folge ihm nicht, und er wird sich von dem loslösen, worauf er ruht.» Wenn ihr wirklich eintreten wollt in den Bereich der

Erleuchtung, dann ist es notwendig, daß ihr euren Geist klar macht, so daß er leer ist wie der leere Raum. Löst euch von euren alten Anschauungen und von allen Anhaftungen. Hört auf, mit dem begrifflichen Denken die Wirklichkeit verstehen zu wollen, und eure falschen Ideen und Vorstellungen werden sich auflösen. Wenn ihr dies befolgt, dann seid ihr auf dem Weg zur Erleuchtung.

14

Der ursprüngliche Zustand des Geistes

Wenn jemand im eigenen Geist sich besinnt auf den ursprünglichen Zustand seines Geistes, lösen sich alle trügerischen Gedanken von selber auf in das Reich der letzten Wirklichkeit.

(Mahamudra-Meister Milarepa, 12. Jh.)

Allein aus diesen Worten geht schon hervor, daß der eigene Geist nicht unbedingt in der unmittelbaren Erfahrung seines Selbst-Seins, seines ursprünglichen Zustandes verweilt. Und doch ist der *eigene* Geist nie getrennt von diesem ursprünglichen Zustand, von diesem *Einen* Geist.

Es ist so, wie wir es uns schon des öfteren mit Hilfe eines Strohhalms veranschaulicht haben: Ihr richtet einen Strohhalm hoch zum Himmel und schaut hindurch. Die unendliche Weite des Himmels ist die grenzenlose Weite des Einen Geistes. Durch die Fixierung des eingrenzenden, dualistischen Denkens verengt sich jedoch eure Wahrnehmung zum mikro-kosmischen Teilaspekt dieses kosmischen Geistes. Und so befindet ihr euch im Zustand einer Bewußtseinsverengung, einer vermeintlichen Individualität, einer subjektiven Gegebenheit, die sich von allem, was sie wahrnimmt, als getrennt sieht und erfährt. Ihr schaut durch den Strohhalm; und dieser kleine Punkt innerhalb der Peripherie des Kreises ist der eigene individuelle Geist. Der Kreis, die Umgrenzung, stellt die den Persönlichkeitswahn bildenden Daseinsfaktoren *(Skandhas)* dar: Körperlichkeit oder Form, Empfindungen, Wahrnehmungen, Geistesregungen und Bewußtsein.

«Form» *(Rupa-Skandha)* ist jeglicher Formbereich, den wir wahrnehmen, den wir tasten, den wir sehen.

«Empfindungen» *(Vedana-Skandha)* sind Empfindungen in bezug zum Objekt: angenehm, unangenehm oder indifferent.

«Wahrnehmungen» *(Samjna-Skandha)* – dazu gehören Sehen, Hören, Riechen, Tasten, Schmecken.

«Geistesregungen» *(Samskara-Skandha)* sind alle Willensregungen, alle intellektuellen Regungen des Geistes, Denkprozesse, Denkinhalte, Vorstellungen und Begriffe.

«Bewußtsein» *(Vijnana-Skandha)* ist nicht als letzte, unveränderliche Entität hinter den Erfahrungen zu verstehen, wie viele glauben, sondern als Bewußtseinsformation, *Vijnana,* im Sinne des Buddhismus.

Bewußtsein ist ein Bewußtseinsprozeß. Es ist nicht eine Realität hinter den Erfahrungen, sondern Bewußtsein ist Ereignis; eine Kette von aufeinanderfolgenden Bewußtseinsmomenten. Die buddhistische Psychologie spricht auch von *Bewußtseinsblitzen.* Diese ergeben die Illusion eines kontinuierlichen, ununterbrochenen Bewußtseins. Es ist einer aufeinanderfolgenden Reihe von Lichtbildern vergleichbar, die mittels eines Projektors auf der Leinwand die Illusion von feststehenden Gegenständen und Bewegungen ergibt. Wir sehen zum Beispiel einen Fluß, aber in Wirklichkeit sehen wir nur den Ablauf einer Unmenge von Bildern – von Bewußtseinsmomenten, das heißt: eine Kette von Momentexistenzen und Kombinationen.

Dies alles wird erzeugt durch das Aufeinanderwirken der fünf den Persönlichkeitswahn bildenden Daseinsfaktoren: den *Skandhas.* Alle Skandhas sind unstabil und haben in Wirklichkeit kein Sein. Sie sind nur *Schein,* sind Ereignis. Denn alles hängt von etwas Vorausgegebenem ab. Nichts ist Ding an sich, aus sich selbst heraus, sondern alles ist Ereignis in der Form der Illusion der Erscheinung, bedingt durch Vorausgegebenes.

Aus diesem Grund ist die Grundlage der buddhistischen Philosophie und Psychologie die Wahrheit des *Pratitya-Samutpada,* des abhängigen Entstehens (oder auch Konditionalnexus genannt). Alles, was wir wahrnehmen im Universum, entsteht in Abhängigkeit von etwas anderem, und somit hat es einen Anfang, und das, was einen Anfang hat, wird auch ein Ende haben. Anfang und Ende sind aber illusorische Momente. Sie sind innerhalb des Zeitmoments, und Zeit und Raum haben keine Wirklichkeit. Es sind *Bewußtseinskategorien,* das heißt, es sind vorausgegebene Bedingungen, mittels welcher das menschliche Bewußtsein eine vermeintliche Außenwelt wahrnimmt. In Wirklichkeit ist alles aber nur Vorstellung, das heißt Idee, und somit ein aus sich selbst Nicht-Seiendes.

Aber wir wollen jetzt nicht allzu stark in diese Wahrnehmungspsychologie hineingehen, denn sonst wird der Vortrag zu lang. Wesentlich ist vor allem, zu wissen und zu erkennen, daß die Welt, so wie wir sie wahrnehmen, nur eine Projektion ist, eine Projektion des Bewußtseins, welches auch kein Ding an sich ist, sondern Ereignis. Alle Wahrnehmungen und Vorstellungen, alle Gedanken sind somit nicht verschieden von dem Denker, denn die Gedanken sind illusorisch und der Denker, der die Gedanken denkt, ebenfalls. Somit ist der Denker nichts weiter als ein *Ereignis* – er hat kein wirkliches Sein.

Jetzt kommen wir auf unseren Satz von Milarepa zurück: «*Wenn jemand im eigenen Geist sich besinnt auf den ursprünglichen Zustand seines Geistes ...*» Der ursprüngliche Zustand des Geistes ist die *Wirklichkeit* hinter allen Erfahrungen. Er ist wie die Leinwand hinter allen Bildern, Bewegungen, Farben und Formen eines Films. Wenn man diese Wirklichkeit wahrnimmt, nimmt man seinen ursprünglichen Zustand des Geistes wahr, und:

... alle trügerischen Gedanken lösen sich von selber auf in das Reich der letzten Wirklichkeit.

Das heißt, diese trügerischen Gedanken sind der ganze Egoprozeß und zugleich der Prozeß der Verfestigung und Aufrechterhaltung der *Skandhas* und somit des *Samsara.*

Skandhas und *Samsara* sind *ein* Prozeß. Der eigene Geist ist aber nicht getrennt von der Wirklichkeit des Einen Geistes. In dem Augenblick, wenn die Eingrenzung des Geistes fällt, löst sich die Bewußtseinsverengung, die Pseudo-Individualität mit ihrer wahrgenommenen Welt, auf, und in dieser Leerheit *(sunyata)* offenbart sich die grenzenlose Weite des Selbst-Geistes. Dies ist der *ursprüngliche Zustand des Geistes,* jenes Geistes, der sich selbst begrenzte und mit dieser Begrenzung identifiziert hatte.

Aber die Loslösung von dieser Begrenzung kannst du nicht machen. Du kannst sie nicht erzwingen. Du kannst nicht gegen die Begrenzung ankämpfen, denn je mehr du dagegen ankämpfst, um so mehr verfestigt sie sich zu einem Kerker des Selbst. Du kerkerst dich selbst ein in einen Kerker des Nicht-Wissens.

Der ursprüngliche Zustand des Geistes ist euer Wahres Sein, ist in Wirklichkeit euer eigener Geist. Und jetzt kommt's, der Satz geht weiter: «Wenn jemand im eigenen Geist sich besinnt auf den ursprünglichen Zustand seines Geistes, lösen sich alle trügerischen Gedanken von selber auf in das Reich der letzten Wirklichkeit. Niemand ist mehr da, der Leiden verursacht, und niemand, der leidet.» – «Wenn die Gedanken sich erheben, erheben sich alle Dinge», sagt Huang-po, «und wenn die Gedanken schwinden, schwinden alle Dinge.» Und wenn alle Dinge schwinden, schwinden alle *Samsara*formationen – das heißt alle *Skandhas* –, all das, was ein Pseudo-Individuum ausmacht. Das Ego löst sich auf, und somit ist niemand mehr da, der Leiden verursacht, und wenn niemand mehr da ist, der Leiden verursacht, gibt es auch kein Leiden. Denn Leiden kommt nicht von außen, es kommt immer von innen.

Denn die Vergänglichkeit alles Angenehmen, das ihr in der Welt erfahrt, kann niemals Leid in euch verursachen, wenn ihr euch nicht daran festklammert. Deshalb sagt Meister Eckhart: «Alles Leid kommt her von Liebe und Zuneigung. Darum, habe ich Leid wegen vergänglicher Dinge, so habe ich und hat mein Herz noch Liebe und Hang zu vergänglichen Dingen. So ist es kein Wunder, wenn Gott zuläßt, daß ich ganz zu Recht Schaden und Leid erdulde.» Wenn ihr das Angenehme oder in eurer Vorstellung Angenehme festhalten wollt und es sich euch entzieht, dann entsteht Leid. Aber das Ding selbst verursacht in euch kein Leid. Nur die Anhaftung verursacht Leid. Denn Anhaftung ist Verfestigung, Verhärtung, und Verhärtung ist immer Erstarrung, Nicht-Bewegung. Es ist entgegen dem Fluß des Tao.

Wir hörten das letztemal den Satz des Zen-Meisters Paichang, der der Meister von Huang-po war: «Wenn dein Geist sich bewegt, so folge ihm nicht, und er wird sich von der Bewegung loslösen. Und wenn dein Geist auf irgend etwas ruht, so folge ihm nicht, und er wird sich von dem loslösen, worauf er ruht.» Dies ist wahres *Satipatthana,* wie es im Buddhismus heißt – Vergegenwärtigung der Achtsamkeit. Und diese Geisteshaltung der Vergegenwärtigung der Achtsamkeit ist das *Wu-Wei* und das *Wu-Nien,* das Nicht-Tun und das Nicht-Denken. Das bedeutet, die Dinge so geschehen und sein lassen, wie sie sind, so daß sich die Ereignisse, Situationen oder Dinge nicht verfestigen und sich unser Bewußtsein nicht verhärtet. Denn: «Das Harte und Starre stirbt keinen guten Tod», sagt Lao-tse.

Also: Löst euch von euren Konditionierungen, von euren Identifikationen mit dem, was ihr irgendwann einmal erlebt habt! Löst euch von allem intellektuellen Sperrmüll, von den Schatten einer toten Vergangenheit, die nicht wert sind, auch nur einen einzigen Gedanken daran zu verschwenden, die aber Grundlage der «westlichen Psychologie» sind.

Ohne dieses Wühlen in diesem Müll gäbe es keine «westliche Psychologie», keine «Therapie». Dies ist der Weg, das Pferd am Schwanz aufzuzäumen, und deshalb führt er immer nur im Kreis herum. Ihr könnt euch bemühen, soviel ihr wollt, und versuchen, mittels der Psychologie einen Ausweg aus eurer heillosen Situation zu finden. Ihr seid verwirrt und bemüht euch mit aller Kraft herauszukommen und verstrickt euch dadurch immer tiefer in das Rankengewirr der selbstverursachten geistigen Verwirrung. Und so bleibt ihr gefangen in diesem geistigen Chaos, in dieser Verblendung, in diesem Gefängnis von Konditionierungen, Verhaltensmustern und Denkmodellen. Und dabei kommt dann heraus, daß ihr vielleicht in eine Psychose oder gar in eine Dauerpsychose fallt.

Darum: *Befreit euch von allem!* Doch dieses Befreien könnt ihr nicht machen. Wenn ihr jetzt, so wie ihr jetzt hier vor mir sitzt, im *So-Sein* seid, so seid ihr wirklich in eurem ursprünglichen Zustand. Das bedeutet, daß ihr die Dinge so laßt, wie sie sind, und nicht an der Vorstellung von Vergangenheit und Zukunft klebt, die nur Gedanken sind.

Vergangenheit, Gegenwart und Zukunft, das ist alles nur wie ein Blatt, das vom Herbstwind am Fenster unseres Bewußtseins vorbeigeweht wird. – Fort ist es. Vergangenheit, Gegenwart und Zukunft werden im Buddhismus die Grundlagen der drei Welten genannt. Doch ein einziger kurzer Augenblick, ein kurzes Fingerschnippen, birgt diese drei Welten in sich. Nur das «Jetzt» ist die Wirklichkeit. «Hier und Jetzt!» (Der Meister schlägt die Klanghölzer gegeneinander!!!) «So-Sein», *tathata*. Das ist der ursprüngliche Zustand des Geistes.

Da gibt es kein Ich, und da gibt es kein Du, da gibt es kein Kommen und kein Gehen, kein Vorher und kein Nachher. Es gibt nur das «Jetzt», und dieses Jetzt ist die Göttliche Wirklichkeit, von der Meister Eckhart sagt: «Gott ist das absolute

Nun.» Es ist die Nicht-Dualität, die absolute Gegenwart, die *allumfassende Ganzheit des Seins.*

Du brauchst nirgends zu suchen, du brauchst nirgendwo hinzugehen. Wo willst du die Wirklichkeit deines Seins suchen, die du selbst bist? Wo willst du «das Göttliche Licht» finden, «das in der Finsternis leuchtet?», wie es heißt im Prolog des Johannes-Evangeliums, wo willst du es finden, außer in der *Höhle des Herzens, in dir selbst?*

Doch – ein Gedanke und ein weiterer Gedanke: Da sind die Gefühle, da sind die Geistesregungen und Vorstellungen. Da sind Gier, Haß und Verblendung – und somit *Samsara.* Dies alles überdeckt den wahren Zustand des Geistes, so daß das Göttliche Licht, das in der Finsternis leuchtet, nicht erkannt werden kann.

Es mittels des Denkens, mittels des intellektuellen Erkenntnisvermögens suchen zu wollen, wäre genauso, als wolltest du in einem großen Saal eine brennende Kerze suchen, indem du alle Lichter anzündest. Dunkel muß es sein. «MU!» Nichts! Nicht-Wollen, Nicht-Denken. Endlich den Mut haben, die Dinge zu lassen, wie sie sind. Das ist das große Vertrauen, *Shraddha,* von dem der Buddhismus spricht.

Wichtig ist, daß ihr dieses große Vertrauen in euch erweckt. Dies geschieht dadurch, daß ihr nicht auf euch selbst baut, auf eure intellektuellen Möglichkeiten, sondern im *Wu-Wei,* im Nicht-Tun bleibt und der Wirklichkeit des Allgeistes die Möglichkeit gebt zu wirken. *Wu-Wei* heißt, solcherart im Nicht-Tun zu verweilen, daß das Tao durch uns hindurch wirken kann. Meister Eckhart sagt: «Gott wirkt, und ich werde!»

Ihr könnt nichts erzwingen – allein schon deshalb, weil es nichts zu erlangen gibt. Sobald ihr glaubt, es gäbe irgend etwas zu erlangen, es gäbe irgendein Ziel zu erreichen, seid ihr im Begriff, euch in die Hölle der hunderttausend Dämonen zu begeben. Doch diese Dämonen sind nichts anderes als eure eigenen Projektionen. Es sind eure selbsterzeugten inneren Spannungen, weil ihr einer Wunschvorstellung nachjagt, die nur in eurem Kopf existiert. Denn innere Spannung ist gehemmtes Wollen.

Jetzt ist alles da! (Der Meister schlägt mit dem Stock auf den Boden.) Jetzt!!! Euch fehlt nichts. Nicht das geringste. Was ist es also, was euch zu mir führt? Was ist euer Anliegen? Wo drückt der Schuh? Söhne und Töchter des Allerhöchsten, Erscheinungsweisen der Göttlichen Wirklichkeit. Ihr seid «absolutes *Sein,* grenzenloses *Bewußtsein,* unendliche *Glückseligkeit*», wie es heißt in den *Upanishaden.* Nur das seid ihr, und alles andere sind Schäume, Träume und Schatten.

«Wenn jemand im eigenen Geist sich besinnt auf den ursprünglichen Zustand seines Geistes, lösen sich alle trügerischen Gedanken von selber auf in das Reich der letzten Wirklichkeit. Niemand ist mehr da, der Leiden verursacht, und niemand, der leidet. Das erschöpfendste Studium der Sutren (das heißt der heiligen buddhistischen Schriften) lehrt uns nicht mehr als dies Eine.» Mit den Worten Huangpos: «Alle Buddhas und alle lebenden Wesen sind nichts als der Eine Geist, neben dem nichts anderes existiert. Dieser Geist, der ohne Anfang ist, ist ungeboren und unzerstörbar.» Und mit den Worten des *Advaita Vedanta:* «*Tat Tvam Asi,* das bist du selbst.»

Vergeßt das nicht! Vergeßt niemals, wer ihr wirklich seid! Und haltet euch nicht für das, was ihr irgendwann einmal erlebt habt. Haltet euch nicht für das, was ihr glaubt, einmal gewesen zu sein, so wie ihr euch saht in eurem Nicht-Wissen und wie andere euch sahen. Das hat alles genausowenig Wirklichkeit wie ein Traum, den ihr vor zwanzig Jahren geträumt habt.

Vergangenheit (Meister hält ein Klangholz hoch) und Zukunft (hält das andere Klangholz hoch) – zwei Dinge: Vergangenheit und Zukunft. «Realitäten», würde jeder sagen.

Vergangenheit und Zukunft aber sind nichts weiter als Illusion. (Schlag mit den Klanghölzern!!!) *Nur eins!* Das Jetzt! Das ist es!

15

Der wahre Weg

Ein Schüler des Zen kommt zu Zen-Meister Nansen und fragt ihn: «Was ist der wahre Weg?» Der Meister erwidert: «Der alltägliche Weg ist der wahre Weg.» Wiederum fragt der Schüler: «Kann man den Weg erlernen?» Der Meister antwortet: «Je mehr du lernst, desto weiter kommst du vom Weg ab.» Darauf fragt der Schüler: «Wenn man dem Weg nicht durch Lernen näher kommen kann, wie kann man ihn dann erkennen?» Meister Nansen spricht: «Der Weg ist kein sichtbares Ding. Er ist auch kein unsichtbares Ding. Er ist nichts Erkennbares und auch nichts Unerkennbares. Suche ihn nicht, lerne ihn nicht, nenne ihn nicht. Sei weit und offen wie der Himmel, und du bist auf dem Weg.»

«Was ist der wahre Weg?» Dies ist die Frage des Schülers. «Was ist der wahre Weg?», das heißt: «Was ist die Wahrheit, was ist der Sinn des ganzen Seins, und was ist der Weg zur Erleuchtung?» Und der Meister erwidert: «Der alltägliche Weg ist der wahre Weg.» Diese Aussage ist das Fundament des Zen.

Der alltägliche Weg. Alles, was es auch sei, alles, was dir begegnet, ist der wahre Weg, ohne Unterscheidung von heilig und nicht-heilig, religiös und nicht-religiös, geistig und ungeistig. Denn der wahre Weg ist die allem zugrundeliegende Wirklichkeit, die sich in allem offenbart. Alles ist wunderbar, alles ist in Ordnung, so wie es ist. Und wäre es nicht so, wie es ist, wäre es auch in Ordnung. Jede Unterscheidung ist eine Abweichung von der Wirklichkeit. Dies ist ein Gedanke, der sich auch bei Meister Eckhart häufig findet, deshalb möchte ich folgende Textstelle zitieren:

«Ein Mensch gehe übers Feld und erkenne Gott, oder er sei

in der Kirche und erkenne Gott: Erkennt er *darum* Gott mehr, weil er an ruhiger Stätte weilt, so kommt das von seiner Unzulänglichkeit her, nicht aber von Gottes wegen. Denn Gott ist gleicherweise in allen Dingen und an allen Stätten und ist bereit, sich in gleicher Weise und somit seinem ganzen Sein zu geben.»

In allen Dingen und an allen Stätten, mitten in der Menge, mitten unter den Menschen, gilt es die Göttliche Wirklichkeit zu erfahren; *überall,* in welcher Situation es auch sei – mitten im alltäglichen Leben. Dies ist «der alltägliche Weg», und der alltägliche Weg ist der *Wahre Weg.*

Die meisten Menschen glauben, der Weg sei etwas Außergewöhnliches; und so suchen sie nach einem ganz besonderen Weg. Sie meinen: «Irgendwo muß doch da das Geheimnis sein, der bestimmte Weg, dieser bestimmte goldene Faden; wenn wir den finden, dann haben wir's.» Doch das ist ein großer Irrtum. Ihr könnt noch solange suchen: Alles, was ihr finden werdet, ist nichts anderes als eine Ausgeburt des begrifflichen, unterscheidenden Denkens. Egal in welcher Färbung, in welcher Form der Religion oder Philosophie es sich zeigt, es kann die Wirklichkeit nicht sein.

Auch der Schüler aus unserem Beispiel, der zu Zen-Meister Nansen kommt, glaubt, daß der Weg etwas ganz Besonderes sei. Und deshalb fragt er: «Kann man den Weg erlernen?» Er möchte eine bestimmte Methode haben, ein System. Er möchte etwas Handfestes haben, was er anwenden kann. Aber Meister Nansen antwortet:

Je mehr du lernst, desto weiter kommst du vom Weg ab.

Dies ist für allgemeines und besonders für westliches Denken eine vollkommen unverständliche Aussage, denn im alltäglichen Leben gilt: Je mehr man lernt, um so mehr weiß man. Je mehr Wissensstoff man sich einverleibt, desto mehr wird man mit einer Sache vertraut und weiß, um was es geht. Aber glaubt mir, ihr könnt sämtliche Schriften, die über Zen verfaßt wurden, lesen und sogar auswendig im Kopf haben und seid trotzdem der Wahrheit des Zen noch nicht einen Deut nähergekommen. Denn je mehr ihr lernt, desto mehr besteht die Gefahr, daß ihr euch an Begriffen und Vorstellungen festhaltet. Je mehr Wissen ihr über die philosophischen Schriften anhäuft, desto weiter entfernt ihr euch von eurer inneren Wirklichkeit.

Dem Schüler von Meister Nansen ist die Antwort noch nicht klar, und deshalb fragt er gleich weiter: «Wenn man dem Weg nicht durch Lernen näher kommen kann, wie kann man ihn dann erkennen?» – Und der Meister spricht:

Der Weg ist kein sichtbares Ding. Er ist auch kein unsichtbares Ding. Er ist nichts Erkennbares und auch nichts Unerkennbares. Suche ihn nicht, lerne ihn nicht, nenne ihn nicht. Sei weit und offen wie der Himmel, und du bist auf dem Weg.

Eine großartige Antwort. Diese Antwort enthält die gesamte Essenz des Zen. Das Tao, der Weg, ist kein sichtbares Ding. Aber sofort glaubt ihr: «Wenn dem so ist, daß es kein sichtbares Ding ist, na gut, dann ist es halt etwas Unsichtbares, etwas, was ich nicht wahrnehmen kann.» Aber auch dieser Gedanke wird von Meister Nansen sofort weggefegt, indem er sagt: «Der Weg ist auch kein unsichtbares Ding.» Er ist weder dies noch das. Wir können vom Weg, vom Tao noch nicht einmal sagen, daß es ist, daß es Sein hat. Wir können auch nicht sagen, daß es nicht ist. Gautama Buddha sagt: «Man kann nicht sagen, daß es ist, und man kann nicht sagen, daß es nicht ist. Man kann nicht sagen, daß es ist und nicht ist, und man kann auch nicht sagen, daß es weder ist noch nicht ist.» Also mit anderen Worten: Alles, was ich darüber aussagen könnte, würde das Wesentliche verfehlen.

Er ist nichts Erkennbares und auch nichts Unerkennbares. Suche ihn nicht, lerne ihn nicht, nenne ihn nicht.

Etwas zu suchen, was deine eigene Wirklichkeit ist, was dich trägt, was dich ständig umgibt und erfüllt, ist sinnlos. Darum:

Sei weit und offen wie der Himmel, und du bist auf dem Weg.

Wenn du weit und offen bist wie der Himmel, dann hast du diese Geistesverfassung auch mitten im alltäglichen Leben. Egal wo du bist, egal was geschieht, du bist «weit und offen wie der Himmel», und somit bist du transparent und durchlässig. Du bist jenseits von Annehmen und Verwerfen, und du verweilst in der heiteren Gelassenheit des Geistes mitten im Trubel der Welt.

Einst kam ein anderer Schüler zu Zen-Meister Nansen und fragte ihn: «Hatten die Weisen der Vergangenheit irgendeine geheime Lehre, die ich noch nicht kenne?» – «Ja», sagte Meister Nansen. Begierig fragte der Schüler: «Was ist das für eine Lehre?» Und der Meister gab zur Antwort: «Es ist nicht das Herz, es ist nicht der Buddha, es ist überhaupt nichts.»

Aus diesem Grund möchte ich unseren heutigen Vortrag mit dem Rat des Zen-Meisters Nansen beschließen: *«Seid weit und offen wie der Himmel, und ihr seid auf dem Weg!»*

16

Vertraut auf euch selbst

Den heutigen Schülern fehlt das Selbstvertrauen, sie sollten nicht außerhalb suchen. Solange ihr euch nur auf die Methoden der alten Meister beruft, werdet ihr nie zwischen Echt und Falsch unterscheiden können.

(Zen-Meister Lin-chi, 9. Jh.)

Die Methoden der alten Meister sind gut, sie sind sogar sehr gut. Aber ihr dürft dabei nicht vergessen, daß diese Wirklichkeit, nach der ihr in den Schriften – den Aussagen der alten Meister – sucht, euer eigenes Sein ist. Ihr sucht etwas, was ihr selbst seid, was ihr nie verloren habt. Deshalb die einführenden Worte: «Die heutigen Schüler bedürfen des Selbstvertrauens, sie sollten nicht außerhalb suchen.» Der chinesische Zen-Meister Fen-yang (11. Jh.) sagte: «Wenige glauben, daß ihr eigener Geist Buddha ist. Die meisten nehmen dies nicht ernst und leben deshalb unter Zwängen. Sie sind umringt von Einbildungen, Begierden, Haß und anderen Plagen, weil sie einfach die Höhle der Unwissenheit lieben.»

Jeder hat seine ganz bestimmte Perspektive, sein Verstehen dessen, was er studiert, was er liest oder hört; aber das sind immer nur begrenzte Blickwinkel. Und so ist es mit allen äußeren Philosophien und Religionen.

Wir erinnern uns an die alte indische Geschichte von den fünf Blinden, die einem Elefantentreiber begegnen, der auf einem Elefanten sitzt. Sie fragen ihn: «Wir sind blind und wissen nicht, wie ein Elefant aussieht. Dürfen wir den Elefanten einmal anfassen, um wirklich zu erkennen, wie er aussieht?» – «Ja, meinetwegen», sagt der Elefantentreiber. Und der erste faßt den Rüssel an und sagt: «Oh, das hätte ich nicht gedacht, der Elefant sieht ja aus wie ein dicker Schlauch!» – Der zweite faßt das Ohr an und sagt: «Der Elefant sieht ja aus wie ein großer Fächer!» – Der dritte faßt den Schwanz an und sagt: «Der Elefant sieht ja aus wie ein dünnes Seil!» – Der vierte faßt das Bein an und sagt: «Der Elefant sieht ja aus wie ein Baumstumpf!» Und der fünfte schließlich faßt dem Elefanten an den Bauch und sagt: «Ihr habt alle unrecht. Der Elefant sieht nämlich aus wie eine große Tonne!» Da sagt der Elefantentreiber: «Keiner von euch hat recht. Jeder hat nur einen *Teil* des Ganzen erfaßt, aber wie der Elefant wirklich aussieht, hat keiner von euch erkannt.»

So sind alle Aussagen der Religionen und der Philosophien zu verstehen. Nur wenn ihr selbst eintaucht, unmittelbar, direkt hineinspringt in den Ozean der Weisheit, in den Ozean des *Einen Geistes,* dann wißt ihr, was die Wahrheit ist. Willst du wissen, was Wasser ist – trinke es! Oder spring hinein in das Wasser! Dies ist der Weg des Zen. Zen gibt keine großen philosophischen Erklärungen ab. Zen sagt: «Wenn du wissen willst, wie Tee schmeckt, dann trinke Tee! Willst du wissen, wie ein Apfel schmeckt, dann beiß hinein! Und du weißt: So ist der Geschmack des Apfels.» Das ist Zen.

Zen verweist immer *unmittelbar* auf die Sache selbst. Zen hält sich nicht auf mit äußerlichem, schöngeistigen Geplänkel oder mit irgendwelchen gehirnakrobatischen Spekulationen. Es häuft keinen intellektuellen Sperrmüll an. Zen – das Wort sagt es schon – heißt: «Sich versenken». Sich versenken in das *Eine.* Darum sagt Huang-po: «Buddha und alle lebenden Wesen sind nichts als der *Eine Geist,* neben dem nichts anderes existiert.» Dieser kleine Beisatz, «...neben dem nichts anderes existiert», ist sehr wesentlich. Denn der Eine Geist ist die all-erfüllende Ganzheit alles vermeintlich Vielheitlichen. Alle Wellen auf der Oberfläche des Ozeans sind der Ozean selbst. Die Wellenbewegung, die Wellenformen, die

Schaumkronen und die Wasserblasen obendrauf, all das in seiner verwirrenden Vielfalt von Kommen und Gehen ist der eine Ozean.

Jede vielheitliche Wahrnehmung ist bedingt durch die Fehlwahrnehmung eines dualistischen Bewußtseins, woraus die Wahnvorstellung einer Pseudo-Individualität resultiert. Dieses Pseudo-Individuum, dieses Ego, ist keine Wesenheit und hat kein wirkliches Sein. Es ist kein Ding aus sich selbst, sondern nur ein Prozeß; ein Prozeß in Form von Identifikationen mit den Erinnerungen einer toten Vergangenheit, mit alten Verhaltensmustern und allen möglichen Vorstellungen und Begriffen. Doch das seid ihr nicht selbst. Aber ihr glaubt, das zu sein, und ihr glaubt auch, daß alle anderen das sind. Weiterhin glaubt ihr, daß die äußere Welt all das ist, was ihr mit euren Sinnen wahrnehmt. In Wahrheit schaut ihr jedoch nur *scheinbar* mit den Sinnesorganen nach außen, denn der Raum ist nur *eine Projektion des Bewußtseins.* Da demzufolge die Vorausbedingungen einer äußeren Wahrnehmung fehlen, ist jede äußere Wahrnehmung somit ein Prozeß des *Nach-innen-Schauens.*

Alles befindet sich *innen.* Dieses Innen darf jedoch nicht als Gegensatz zum Außen verstanden werden. Denn: Es ist die Dimension jenseits von Raum und Zeit. Ihr schaut in Wirklichkeit auf die raum-zeitlose Dimension des Geistes, aber erkennt sie nicht, weil sie überlagert ist von den *Samskaras,* den karmischen Triebkräften. Diese karmischen Triebkräfte sind dieser ganze Prozeß der Identifikation, der Anhaftung und Vervielheitlichung, den ich eben angeführt habe. Und das haltet ihr dann für die Welt und sagt: «Das ist unsere Welt, die wir erfahren; darin sind wir gefangen. Wie kommen wir da nur wieder raus?» – Dabei seid ihr gar nicht gefangen. Das Gefangensein ist nur ein Gedanke. Ihr habt ein Gedankenspiel entfacht, ein *Traumgebilde,* ein *Maya*-Gewebe. Ihr habt euch selbst darin gefangen und kommt nicht mehr heraus.

Da aber alles nur ein Gedanken-Gewebe ist, kann das Herauskommen nichts anderes sein als der Schlag mit dem Schwert der Erkenntnis auf den Gordischen Knoten der geistigen Verwirrung. (Der Meister schlägt mit dem Stock auf das Seitenpodest!!!) Und das Problem ist gelöst. Oder besser: Das Problem ist nicht gelöst – weil es gar kein Problem gab. Alles war nur Illusion!

Was fehlt euch also? Das einzige, was euch fehlt, ist das Vertrauen in euch selbst. Es ist dieser unumstößliche Glaube an eure eigene immanente Göttliche Wirklichkeit. Es ist der Glaube, der zur absoluten Gewißheit heranreift, daß es so ist, wie die erleuchteten Meister – die Erwachten – zu allen Zeiten verkündeten.

Die Worte der Meister sind Finger, die auf den Mond weisen. Der Mond ist die Wirklichkeit, der Finger ist nur der Hinweis. Doch ihr studiert den Finger. Ihr studiert die verschiedenen Lehrsysteme, Philosophien und Religionen und meint, das sei die Wahrheit. Aber das ist alles nur wertloser Plunder! Intellektueller Sperrmüll! Nichts! – Der *Mond* ist die Wahrheit und nicht der Finger. Das dürft ihr nicht vergessen. Das Leuchten des Selbst-Geistes hinter allen Spekulationen und Wahrnehmungen, hinter der scheinbaren Außenwelt, das ist die Wirklichkeit, die ihr sucht! Dies ist der wahre Zustand des unbegrenzten, überweltlichen Geistes. Alles andere ist Illusion.

Darum: Laßt alles hinter euch! Laßt die Toten ihre Toten begraben und überantwortet euch dem Göttlichen Sein! Nur das ist der Weg! Zen-Meister Lin-chi sagt: «Ein rechter Mann diskutiert weder über den Herrscher noch die Rebellen, weder über richtig noch falsch, noch über Schönheit oder Reichtum. Er verbringt seine Tage nicht mit Diskussionen über leere Worte.» Das heißt, er läßt die Dinge, wie sie sind. Die politischen Gegebenheiten einer Weltsituation beunruhigen ihn in keiner Weise. Er unterscheidet nicht zwischen richtig und falsch und interessiert sich nicht für Schönheit, Reichtum, Besitz oder Mode; all dies sind Dinge, die keinerlei Bedeutung für ihn haben. Das sind alles nur Widerspiegelungen eures Nichtwissens, eurer Ängste und Wünsche; Widerspiegelungen von Annehmen, Verwerfen und geistiger Verblendung (nach der Lehre Buddhas).

Die Widerspiegelungen einer vielheitlichen Welt mit ihrer ganzen Problematik sind nichts weiter als Überlagerungen über die Wirklichkeit des Selbst-Geistes. – Wie wollt ihr dem entrinnen? Ihr könnt dem nicht entrinnen, indem ihr nach dahin oder dorthin schaut oder da und dort sucht.

(Der Meister schlägt mit dem Stock auf den Boden.) – *Das ist es!* Hier ist alles – Jetzt! In diesem Augenblick ist es da. Und wer sich auf dieses Hier und Jetzt ganz einläßt, der schaut sein Angesicht vor der Geburt: das geburt- und todlose *Selbst-Sein*.

Der Begriff «Hier und Jetzt» ist jedoch auf dem heutigen esoterischen Rummelmarkt zu einem Schlagwort geworden. In fast jedem Buch der «esoterischen Welle» stößt man auf das «Hier und Jetzt». Seien es die Schriften der amerikanischen Schauspielerinnen und Popsängerinnen, die jetzt als spirituelle Meisterinnen überall auftreten; sei es in den Büchern und Workshops der Psychologen und Therapeuten. Jeder spricht vom «Hier und Jetzt». Doch wenn ihr versteht, auf was es ankommt im Zen, dann werdet ihr erkennen, daß diese ganzen esoterischen «Hier-und-Jetzte» mit der Sache recht wenig zu tun haben.

Hier ist Jetzt! Und das ist alles. Die Wirklichkeit eures Selbst-Seins kennt keinen Raum und keine Zeit; sie ist das absolute *Hier und Jetzt!* Hört ihr es? – (Schweigen ...) Wer Ohren hat, zu hören, der höre. Im Zen heißt es: Mit den Augen hören und mit den Ohren sehen, das ist wahres Verstehen. Und Christus sagt: «Sie haben Augen, um zu sehen, und sie sehen nicht. Sie haben Ohren, um zu hören, und hören nicht.»

Hört auf den Donner der Stille! Zen-Meister Hakuin sagt: «Schlägt man zwei Handflächen gegeneinander, erzeugt das einen Ton (der Meister schlägt die beiden Klanghölzer zusammen). Doch was ist der Ton der einen Hand (Der Meister hebt ein Klangholz in die Höhe)?»

Es ist kein Sein und kein Nicht-Sein. Weder ein Hören noch ein Nicht-Hören. Doch wollt ihr es erfahren, das Hier und Jetzt, dann müßt ihr hier und jetzt hineinsterben in das Hier und Jetzt! Dies ist der einzige Weg. Dies ist die Wahrheit des Zen. Mehr gibt es darüber nicht zu sagen!

*Ein Buch von kompromißloser Geradlinigkeit
und spiritueller Strahlkraft*

Wolfgang Kopp
BEFREIT EUCH VON ALLEM
**Ein radikaler Wegführer im Geiste des Zen
und der christlichen Mystik**
216 Seiten, Ganzleinen
ISBN 3-7157-0144-7

Ein großer spiritueller Lehrer unserer Zeit zeigt in diesem außergewöhnlichen Buch einen konsequenten, aber sicheren Weg zur Selbstfindung. Dieses Buch bedeutet für viele ernsthaft geistig Suchenden die Erfüllung eines lang gehegten Wunsches.

Der Titel «Befreit Euch von allem» entstammt einem Ausspruch des chinesischen Zen-Meisters Huang-po (9. Jh.). Dieser Ausspruch wie auch das «Stirb und Werde» der christlichen Mystik bilden den Kerngedanken dieses Buches. Es wendet sich an all jene ernsthaft geistig Suchenden, die das aufrichtige Verlangen nach konsequenter, aber sicherer spiritueller Führung haben. Wer es zur Hand nimmt, wird bald spüren, daß es nicht bloß gelesen, sondern gründlich durchdacht und gelebt sein will. Und wer sich ganz auf dieses Buch einläßt, wird am Ende ein anderer sein, als er zu Beginn der Lektüre war.

Das Buch möchte helfen, die innere Quelle zu finden. Sein Anliegen ist, den Wahrheitssuchenden zu jenem außergewöhnlichen Schauungserlebnis hinzuführen, wo Buchwissen durch Erfahrung, Gelehrsamkeit durch die Weisheit des Herzens und Glauben durch die Erleuchtung des eigenen Geistes ersetzt wird.

Aus der Fülle seiner Erfahrung als praktizierender Meditationsmeister schöpfend, versteht es der Autor in einzigartiger Weise, den Leser Schritt für Schritt auf dem geistigen Weg zu führen, wobei er anhand zahlreicher Beispiele die großen Meister des Zen und der christlichen Mystik selbst zu Wort kommen läßt.

Trotz der vielen spirituellen Bücher der letzten Jahre fehlte bisher eines, das die notwendige Konsequenz des geistigen Weges mit solch einer kompromißlosen Geradlinigkeit und spirituellen Strahlkraft aufzuzeigen vermag wie das vorliegende!

Der direkte Weg zur Befreiung –
mitten im Alltag

Wolfgang Kopp
TAO CHAN
Der aktive Zen-Weg

Unterweisungen eines westlichen Zen-Meisters
Ganzleinen mit Schutzumschlag, 148 Seiten
ISBN 3-7157-0182-X

Dieses Buch enthält eine Reihe von Vorträgen, die Zen-Meister Wolfgang Kopp im Wiesbadener Tao Chan Zentrum gehalten hat. Aus dem reichen Schatz seiner Erfahrung schöpfend, zeigt uns Meister Kopp den Weg zur Selbstfindung. Was er lehrt, ist keine weltabgewandte Spiritualität, sondern die Verwirklichung der Erleuchtung mitten in einem bewegten Leben. Es ist eine ursprüngliche, lebendige Form des Zen, und die Art der Vermittlung entspricht in ihrer kraftvollen, direkten Weise jener der alten chinesischen Chan-Meister.

Tao Chan, «der aktive Zen-Weg», ist keine Flucht aus der Welt. Ganz im Gegenteil, es ist der kürzeste und geradlinigste Weg zur Selbstverwirklichung mitten in der Welt. Meister Kopp lehrt, daß die Erlösung nicht erst in einem Jenseits stattfindet, sondern *hier und jetzt,* mitten in unseren täglichen Pflichten, verwirklicht werden kann. Immer wieder weist er darauf hin, daß Meditation und Leben im Alltag sich nicht gegenseitig ausschließen, sondern eine untrennbare Einheit sind.

Wolfgang Kopps humorvolle und zugleich kraftvolle Art der Vermittlung verleiht seinen Vorträgen eine ungeheure Lebendigkeit. Seine energiegeladenen Worte sind erfüllt von solch einer geistigen Kraft, daß sie uns tief in unserem Innersten zu treffen vermögen. In jedem Satz spürt man die Verwirklichung eines großen Erleuchteten. Das Buch lehrt uns, als ob wir unter der persönlichen Anleitung eines spirituellen Meisters stünden.

Ein außergewöhnliches Buch von unmittelbarer Direktheit und großem praktischen Wert für alle geistig Suchenden.

Ein kostbarer Bild- und Textband von großer mystischer Aussagekraft

Wolfgang Kopp
ERLEUCHTETE DIMENSIONEN DER WIRKLICHKEIT
Aquarelle und Aussprüche eines Zen-Meisters

72 Seiten, mit 25 farbigen Abbildungen
Großformatiger Leinenband
ISBN 3-7157-0192-7

Dieses außergewöhnliche Buch enthält eine Sammlung von Aquarellen und Aussprüchen eines großen westlichen Zen-Meisters unserer Zeit. Es ist ein Buch für alle geistig Suchenden, die den Wunsch haben, auf meditative Weise mit dem Geheimnis ihres Seins in Berührung zu kommen.

Wolfgang Kopp hat jedem seiner herrlichen Aquarelle einen aphorismenartigen Text beigefügt. Dieser soll, im Einklang mit dem Bild, wie ein Fenster nach Innen, Einblick in die erleuchteten Dimensionen der Wirklichkeit gewähren.

Die Aquarelle selbst sind von strahlender Leuchtkraft und gläserne Durchblicke erlaubender Transparenz der Farbe. Es sind wahre Wunderwerke künstlerischen Schaffens. In ihrer geheimnisvollen mystischen Wirkung rühren sie uns in unserem Allerinnersten an und vermitteln uns eine Ahnung von der Wirklichkeit des Seins.

Versunken in die stille Betrachtung bildgewordener Dimensionen der Wirklichkeit, öffnet sich uns hier ein neuer Zugang als bisher ungeahnte Möglichkeit zur Verwirklichung unseres wahren Wesens. In jedem dieser wie Juwelen leuchtenden Bilder offenbart sich die Verwirklichung eines großen Erwachten unserer Zeit.

Ein spirituelles Buch ganz besonderer Art. Es bietet einen neuen Zugang für alle, die nach Erleuchtung streben. Ein kostbares Buch der meditativen Stille und geistigen Klarheit.

Das Tao-Te-King des Lao Tse ist erstmals durch einen zeitgenössischen Mystiker klar und verständlich übertragen worden und vermag auch den mystischen Gehalt des Werkes zu erfassen.

LAO TSE
TAO-TE-KING
Das heilige Buch vom Tao und der wahren Tugend

Neu übertragen und mit einer Einführung versehen von
Wolfgang Kopp

Ganzleinen mit Schutzumschlag, 108 Seiten
ISBN 3-7157-0114-5

Lao Tse lebte im 6. Jh. v. Chr. in China. Sein Bestreben war, sich im Verborgenen zu halten und namenlos zu bleiben. Erst auf die Bitte eines Grenzwächters hin brach er sein Schweigen und verfaßte ein Buch mit 5000 Schriftzeichen: das Tao-Te-King. Dann zog er, auf einem Wasserbüffel reitend, von dannen. Niemand weiß, wo er geendet...

Das Tao-Te-King des Lao Tse ist ein Juwel östlicher Weisheit und zugleich eines der bedeutendsten und meistübersetzten Bücher der Weltliteratur. Man kann sich heute keinen an östlicher Religion und Philosophie Interessierten vorstellen, dem dieses Buch unbekannt wäre.

Trotz der vorhandenen großen Auswahl von Übersetzungen fehlte bislang eine Ausgabe wie die vorliegende, die bei strenger Wahrung des Sinngehalts die mystische Aussagekraft des Werkes zum Ausdruck bringt.

Die Übertragung von Wolfgang Kopp stellt eine erstaunliche Leistung dar. Keinem anderen als einem erleuchteten Mystiker unserer Tage konnte es gelingen, sich in den erleuchteten Geist des Lao Tse hineinzuversetzen, um, aus derselben Quelle wie der Meister vor 2500 Jahren schöpfend, die Wahrheit des Lao Tse neu zu offenbaren.

Ein Buch von einzigartiger Kraft und Schönheit der Sprache!